BUDISMO
CLARO E SIMPLES

CB017367

Steve Hagen

B U D I S M O
CLARO E SIMPLES

Tradução
ALÍPIO CORREIA DE FRANCA NETO
LUCIENE APARECIDA SOARES

Editora
Pensamento
SÃO PAULO

Título original: *Buddhism Plain & Simple*.

Copyright © 2000 Steve Hagen.

Copyright da edição brasileira © 2002 Editora Pensamento-Cultrix Ltda.

1ª edição 2002.

8ª reimpressão 2018.

Publicado mediante acordo com a Broadway Books, uma divisão da The Doubleday Broadway Publishing Group, uma divisão da Random House, Inc.

Todos os direitos reservados. Nenhuma parte deste livro pode ser reproduzida ou usada de qualquer forma ou por qualquer meio, eletrônico ou mecânico, inclusive fotocópias, gravações ou sistema de armazenamento em banco de dados, sem permissão por escrito, exceto nos casos de trechos curtos citados em resenhas críticas ou artigos de revistas.

A Editora Pensamento não se responsabiliza por eventuais mudanças ocorridas nos endereços convencionais ou eletrônicos citados neste livro.

Direitos de tradução para a língua portuguesa adquiridos com exclusividade pela EDITORA PENSAMENTO-CULTRIX LTDA., que se reserva a propriedade literária desta tradução.
Rua Dr. Mário Vicente, 368 – 04270-000 – São Paulo, SP
Fone: (11) 2066-9000 – Fax: (11) 2066-9008
http://www.editorapensamento.com.br
E-mail: atendimento@editorapensamento.com.br
Foi feito o depósito legal.

Com gratidão, dedico este livro a todos os seres.

Agradecimentos

Obrigado a todos os meus mestres.

Este livro resultou das aulas
que ministrei nos últimos anos.
Meus agradecimentos a todos os meus alunos.
Sem eles, este livro não teria sido escrito.

E agradecimentos especiais a Scott Edelstein, meu
amigo e conselheiro literário de longa data,
que me ajudou a organizar o texto.

Sumário

Introdução

À medida que o milênio chegou a seu termo, a maioria de nós perdeu a fé nas versões do mundo que apareciam nos livros de história de antigamente. Com o desenvolvimento da ciência, muitos de nós passaram a ver o universo como um domínio, inconcebivelmente estranho, vasto, complexo, impessoal, multidimensional e talvez sem sentido, da mente e da matéria.

Podemos nos sentir forçados a lidar com essa perda da fé tomando um de dois extremos infelizes. Ou ficamos cegos aos nossos apuros e tentamos fugir por meio das drogas, do álcool, de nossa carreira ou de quaisquer dos inúmeros sistemas de crença, ou encaramos a perspectiva assustadora de que somos criaturas inteligentes que habitam um mundo sem sentido.

Muitos de nós agem como se pudessem achar satisfação no simples fato de ter bastante dinheiro, segurança, respeito, amor, fé, educação, poder, paz, conhecimento ... ter alguma coisa.

Porém, há outros dentre nós que não se deixam levar por isso. Eles sentem que a segurança real é impossível de alcançar. Pois sabem que, mesmo que pudéssemos acumular tudo o que desejamos, isso seria inevitavelmente tomado pela morte. Nossa mortalidade assoma à nossa frente, tão terrível quanto certa. Parecemos totalmente perplexos. Como podemos ter paz nessas circunstâncias?

Não só nos sentimos aprisionados pela nossa ignorância, mas parecemos condenados a continuar assim. Como disse Yang Chu, o filósofo chinês do século IV a.c.:

Passamos pelo mundo numa trilha estreita, preocupados com coisas insignificantes que vemos e ouvimos, remoendo nossos preconceitos, passando pelas alegrias da vida sem sequer saber que perdemos algo. Nunca por um momento provamos do vinho estonteante da liberdade. Estamos verdadeiramente presos, como se estivéssemos no fundo de um calabouço, atados a cadeias.

Qual é o problema humano básico que nenhum remédio aparente pode curar? Qual é o objetivo da nossa existência? Como podemos compreendê-la como um todo? E, no entanto, não seria o conhecimento do Todo — o conhecimento que não é relativo, nem dependente de condições mutáveis — precisamente o que seria necessário para nos libertar das dúvidas e dilemas que nos causam tanta dor e angústia?

Ansiamos por estar livres de nossa confusão e descontentamento, por não ter de viver nossa vida acorrentados impotentemente à incerteza e ao medo. No entanto, não percebemos com freqüência que é precisamente nosso estado mental de confusão que nos ata.

Há um modo de ir além dessa ignorância, pessimismo e confusão, e ter a experiência da Realidade como um Todo — em vez de compreendê-la. Essa experiência não está baseada em nenhuma concepção nem crença; é a própria percepção direta. É *ver* antes que os sinais apareçam, as idéias surjam, antes que se caia no pensamento.

Isso é chamado iluminação. Não é mais nem menos do que *ver* as coisas como são, em vez de como nós queremos ou achamos que sejam.

Essa libertação da mente — essa consciência direta da Realidade como um Todo — é totalmente acessível a qualquer um que queira prestar atenção à sua experiência real.

Vinte e cinco séculos atrás, na Índia, um homem chamado Gautama passou por essa libertação. Ele dedicou o resto de sua vida a ensinar aos outros como conseguir a mesma liberdade da mente. Depois que ele despertou da ignorância nefasta que o impedia de saber o que de fato estava acontecendo, ele se tornou conhecido como o Buda — o "que foi despertado".

Quando o Buda foi solicitado a sintetizar sua doutrina numa única palavra, ele disse "consciência". Este é um livro sobre consciência. Não a consciência de algo em particular, mas a consciência em si — estar desperto, alerta, em contato com o que de fato está acontecendo. É sobre examinar e explorar as questões mais básicas da vida. É sobre contar com a experiência imediata deste momento presente. Não é sobre crença, doutrina, fórmulas nem tradição. É sobre a liberdade da mente.

O Buda aprendeu a ver diretamente na natureza da experiência. Como resultado de sua doutrina e de sua vida, uma nova religião veio à luz e se difundiu pelo mundo. Com isso, como todas as religiões, o Budismo acumulou (e gerou) uma variedade de crenças, rituais, cerimônias e práticas. Como se difundisse de um país a outro, adquiriu uma ampla variedade de aspectos culturais: roupas especiais e chapéus, estátuas, incenso, gongos, sinos, apito — até formas arquitetônicas peculiares, ícones e símbolos. Este livro deixa para trás tudo isso.

Rituais, cerimônias, orações e apetrechos especiais são inevitáveis, mas eles não expressam — não podem expressar — o cerne do que o Buda ensinou. Na realidade, muito freqüentemente essas coisas atrapalham. Elas escondem a sabedoria simples das palavras do Buda e nos distraem dela.

Esse é um problema principal, e não só para os que cresceram no Ocidente. Não é fácil saber onde o Budismo termina e a cultura asiática começa, nem distinguir as doutrinas originais e autênticas do Buda do que foi acrescentado depois por pessoas com menos perspicácia. Como resultado, muitos americanos e europeus acreditam genuinamente que o Budismo é sobre adorar o Buda, ou se curvar e usar togas, ou trabalhar em si mesmo num transe, ou mesmo se sair com respostas a enigmas difíceis, ou encarnações passadas e futuras.

O Budismo não é sobre essas crenças e práticas. As observações e verdades do Buda são claras, práticas e eminentemente concretas. Elas lidam exclusivamente com o *aqui* e *agora*, não com teoria, especulação, nem crença em algum tempo ou lugar distante. Porque essas doutrinas permanecem focalizadas neste momento — assim como você está lendo isto — elas permanecem pertinentes e de profundo valor a toda cultura e pessoa que as investiga seriamente. É a essas verdades e observações organizadas e originais que este livro retorna. Este livro é dividido em três partes. Na Parte Um, nos concentraremos nas doutrinas principais do Buda, que ele chamou as quatro verdades da existência. Na Parte Dois, nos concentraremos mais detalhadamente na quarta dessas verdades. Aqui o Buda mostra um caminho — um modo prático e efetivo de vida — pelo qual podemos entender o mundo e lidar com ele. E, na Parte Três, nos deteremos ainda mais para enfatizar os primeiros dois aspectos desse caminho. Estes incluem as doutrinas da sabedoria do Buda, as que lidam com a intenção e a consciência humanas.

Para pessoas que estudam o Budismo pela primeira vez, *Budismo Claro e Simples* oferece uma visão clara e direta da sabedoria e a orientação de um mestre iluminado que viveu há cerca de 2.500 anos, mas cujas doutrinas permanecem tão vitais e penetrantes hoje quanto no passado. Para as pessoas já familiarizadas com o Budismo, inclusive para os praticantes de longa data — este livro fornece um panorama há muito esperado dos elementos essenciais do Budismo, e a liberdade dos grilhões e dos aspectos culturais que se acumularam por mais de 25 séculos. Para toda pessoa com vontade de sondar a natureza da existência, ele é um chamado para o despertar.

A Jornada no Agora

O homem conhecido por nós como Buda viveu no norte da Índia (atual Nepal) no século VI a.C. Originariamente chamado de Gautama, ele foi o único filho de um rei abastado que governou um país pequeno. Quando menino e adolescente, Gautama teve uma existência cheia de mimos e protegida no palácio do pai. Este assegurou-se de que Gautama recebesse o melhor de tudo: as melhores roupas, a melhor educação e bastantes servos para fazer suas vontades.

Na realidade, a vida de Gautama era tão protegida que ele nada sabia sobre doença, morte nem sofrimento humano, até o dia em que, quando jovem adulto, ouviu falar da morte de um servo. Pela primeira vez, de repente, ele deparou com a realidade de que a vida humana inevitavelmente traz a doença, a velhice e a morte. Ele viu-se incapaz de negar ou pôr de lado esse conhecimento recém-descoberto, que logo começou a perturbá-lo cada vez mais. Qual era o valor da vida humana, ele perguntava a si mesmo, se era tão passageira, incerta e cheia de sofrimento?

A pergunta o assombrou até que ele já não pôde desfrutar dos prazeres passageiros de sua vida de luxo. Ele decidiu deixar a casa da sua família e renunciar à chance de se tornar rei, pois ele passara a ver o poder e a riqueza como um verniz que encobria uma vida que tinha a tristeza e a perda em seus fundamentos. Escolheu em vez disso dedicar o seu tempo e energia a descobrir um modo de se desembaraçar do desespero universal que parecia formar a própria base da existência humana.

Durante seis anos ele vagou pelo vale do Rio Ganges, enquanto aprendia os vários sistemas e práticas dos grandes mestres religiosos de sua época. Embora fosse um discípulo aplicado que depressa dominava tudo o que lhe era ensinado, nada descobriu nessas doutrinas e práticas que o satisfizesse, nada que dissipasse a profunda tristeza que lhe enchia o coração e a mente. Assim, deixou os mestres e seguiu seu próprio caminho.

E então, enquanto estava sentado sob uma árvore, Gautama conheceu a iluminação. Por fim, ele compreendeu inteiramente o problema humano, sua origem, suas ramificações e sua solução.

Dali em diante, ele passou a ser conhecido como o Buda, que quer dizer "o que despertou". Durante os 45 anos seguintes, ele ensinou o caminho da iluminação para homens e mulheres, nobres e camponeses, instruídos e analfabetos, os homens bons e os ignóbeis, sem fazer a menor distinção entre eles. Sua doutrina da libertação do sofrimento humano e do desespero é universal, e até hoje permanece acessível a qualquer um que a examine, entenda e a ponha à prova.

Certo dia, logo depois da iluminação do Buda, um homem o viu caminhando na sua direção. O homem não ouvira falar do Buda, mas pôde ver que havia algo diferente na pessoa que estava se aproximando, de modo que ele se viu tentado a perguntar: "O senhor é um deus?"

O Buda respondeu: "Não."

"Um mágico, então? Um feiticeiro? Um bruxo?"

"Não."

"Algum tipo de ser celestial? Um anjo, talvez?"

Novamente o Buda disse: "Não."

"Bem, o que o senhor é então?"

O Buda respondeu: "Estou desperto."

O Buda nunca se considerou diferente de um ser humano — só alguém completamente desperto. Ele nunca reivindicou para si o *status* de um deus, nem de ser inspirado por Deus, nem de ter acesso a nenhum poder oculto ou sobrenatural. Ele atribuía sua compreensão e entendimento somente ao empenho e à capacidade humana.

Chamamos Gautama "o Buda", mas muitos outros budas, muitos outros seres humanos despertos, existem e existiram. E todo buda — passado, presente e futuro — é um ser humano, não um deus.

Buda não é alguém a quem você reza, ou de quem tenta conseguir algo. Tampouco um buda é alguém a quem você se curva. Um buda simplesmente é uma pessoa que está acordada — nada mais nada menos.

O Budismo não é um sistema de crença. Não versa sobre aceitar certas doutrinas nem acreditar num conjunto de reivindicações ou princípios. Na realidade, é exatamente o oposto. Ele versa sobre examinar clara e cuidadosamente o mundo, sobre testar todas as coisas e cada idéia. O Budismo é sobre *ver*. Conhecer em vez de acreditar ou esperar ou querer. Também é sobre não ter medo de examinar qualquer coisa e todas as coisas, incluindo as nossas próprias atividades.

Seja como for, precisamos examinar a própria doutrina do Buda. Este convidava as pessoas, em todas as ocasiões, a testá-lo. "Não acredite em mim porque você me vê como o seu mestre", ele disse. "Não acredite em mim porque os outros acreditam. E não acredite em nada pelo fato de o ter lido num livro. Não deposite sua fé em relatos, na tradição, em boatos, nem na autoridade de líderes religiosos ou de textos. Não confie na simples lógica, nem na inferência, nem nas aparências, nem na especulação."

O Buda enfatizou repetidamente a impossibilidade de algum dia chegar à Verdade desistindo de sua própria autoridade e seguindo a opinião dos outros. Esse caminho só conduzirá a uma opinião, sua ou de outra pessoa.

O Buda encorajava as pessoas "a saber por vocês mesmas que certas coisas são nocivas e erradas. E quando vocês fizerem isso, então desistirão delas. E quando souberem por si mesmas que certas coisas são saudáveis e boas, então as aceitarão e seguirão".

A mensagem é sempre examinar e *ver* por si mesmo. Quando você *vir* por si mesmo o que é verdadeiro — e esse é realmente o único modo pelo qual você pode conhecer genuinamente qualquer coisa — quando isso acontecer, aceite-o. Até aí, apenas deixe de lado o julgamento e a crítica.

O ponto central do Budismo é *apenas ver*. Isso é tudo.

Não podemos abordar o Budismo, nem começar qualquer real investigação sobre a Verdade, com alguma suposição ou crença de qualquer tipo. Devemos estar dispostos a ver as coisas como são, em lugar de vê-las como esperamos e queremos que elas sejam. Portanto, o Budismo autêntico começa com o fato. Começa com a percepção — com a experiência direta. O Budismo verdadeiro realmente não é um "ismo". É um processo, uma consciência, uma abertura, um espírito de investigação — não um sistema de crença, nem mesmo (como normalmente o entendemos) uma religião. É mais exato chamá-lo de "a doutrina dos despertos", ou o *buda-dharma*. Como a ênfase deste livro está na doutrina dos despertos e não em nenhuma apresentação sectária, daqui em diante usarei comumente o termo "buda-dharma" em lugar de "Budismo".

A doutrina do Buda não leva muito a sério o que é escrito. Os escritos budistas (inclusive este livro) podem ser comparados a uma balsa. Uma balsa é uma coisa muito útil para transportá-lo sobre a água, de uma margem a outra; mas, uma vez que você tenha chegado à outra margem, você já não precisa da balsa. Realmente, se você quiser continuar sua viagem além da margem, você deve deixar para trás a balsa.

Nosso problema é que tendemos a nos apaixonar pela balsa. Em pouco tempo, pensamos: "Essa foi uma balsa muito boa, serviu-me bem. Quero conservá-la em meu poder e levá-la comigo para continuar a minha viagem." Mas se conservarmos em nosso poder as doutrinas budistas — ou quaisquer doutrinas — no final das contas elas se tornarão um obstáculo. As doutrinas budistas e os escritos podem ajudá-lo, mas você não achará a Verdade neles, como se a Verdade de alguma maneira estivesse nas palavras do Buda. Nenhuma palavra — do Buda, minha ou de alguém mais — pode *ver* por você. Você deve fazer isso por si mesmo, como o Buda fez enquanto estava sentado debaixo de uma árvore há centenas de gerações.

As palavras do Buda também podem ser comparadas a um dedo que aponta para a Lua. Seus ensinamentos podem indicar a Verdade, mas eles não podem *ser* a Verdade. Budas — pessoas que estão despertas — só podem apontar o caminho. Não podemos apreender a Verdade com palavras. Só a podemos *ver*, ter a experiência dela, por nós mesmos.

Se você apontar a Lua para um gato, ele provavelmente não olhará para o céu; ele cheirará o seu dedo. De modo semelhante, é fácil para nós ficar fascinados por uma doutrina particular, ou um mestre, por um livro, por um sistema, por uma cultura, ou por um ritual. Mas o buda-dharma — a doutrina dos despertos — nos leva a nos concentrar não no dedo que aponta, mas na experiência da própria Verdade.

O Budismo às vezes é chamado de religião não-histórica. Em outras palavras, ele não conta uma história da criação, nem especula sobre se estamos indo em direção a um céu ou a uma vida após a morte de nenhum tipo. Realmente, o buda-dharma não fala de origens nem de fins. Trata-se sobretudo de uma religião do meio; na realidade, é sempre chamada de caminho do meio.

O buda-dharma o levaria a começar com o que é dado na sua experiência direta. Não lhe pedirá que aceite uma crença, nem que tente responder por alguma coisa presumida ou imaginada. O buda-dharma não lhe pede que aceite explicações particulares de como as coisas são. A Verdade não precisa de nenhuma explicação. Só precisa ser *vista*.

O Buda disse que a condição humana é como a de uma pessoa ferida com uma flecha. A situação é dolorosa e urgente; mas, em vez de conseguir ajuda imediata para a nossa aflição, pedimos detalhes sobre o arco do qual a flecha foi disparada. Perguntamos quem fez a seta. Queremos saber sobre a aparência e a educação da pessoa que retesou o arco. Perguntamos por muitas coisas — inconseqüentes — enquanto negligenciamos o nosso problema imediato. Perguntamos pelas origens e pelos fins, mas deixamos esquecido o momento atual. Nós o deixamos esquecido mesmo que vivamos nele.

Devemos primeiro aprender como fazer a jornada no agora.

Parte Um

O Eterno Problema

CAPÍTULO 1

A Situação Humana

Imagine que você vê pessoas sentadas à mesa de um banquete suntuoso. Mesas grandes, repletas de iguarias estão espalhadas diante delas. De uma série de alimentos deliciosos e de dar água na boca, perfeitamente preparados, desprendem-se odores, e eles brilham e chiam bem diante dos olhos delas, bem ao seu alcance.

Mas as pessoas sentadas nesse banquete não estão comendo. Na realidade, os pratos estão vazios. Não se serviram sequer de uma migalha. Estiveram por muito tempo sentadas diante desse banquete. E aos poucos estão morrendo de fome.

Elas estão sentindo fome, não porque não podem participar do banquete maravilhoso, nem porque comer é proibido, ou uma coisa difícil, ou mesmo prejudicial. Estão passando fome porque não compreendem que a comida é o que necessitam. Elas não reconhecem as dores agudas e insistentes no estômago, causadas pela fome. Não vêem que o que precisam fazer, tudo o que precisam fazer, é desfrutar do banquete que está bem à sua frente.

Essa é a nossa situação humana básica. A maioria de nós sente que algo está faltando na nossa vida; mas não temos nenhuma idéia sobre qual é realmente o nosso problema, nem sobre o que deveríamos fazer quanto a ele. Podemos ver — talvez vagamente — que o alimento está à nossa frente, mas não o relacionamos à dor dentro de nós, mesmo quando essa dor se torna mais aguda e atroz.

Ansiamos por algo. Sentimos a dor e a perda. Sofremos. Tudo o que precisamos para aliviar esse descontentamento está aqui mesmo diante de nós. No entanto, nós não percebemos isso.

De acordo com o buda-dharma, esse triste estado de coisas, esse descontentamento profundo e contínuo, é a primeira verdade da existência. Toda a dor que causamos a nós mesmos e aos outros — o ódio, a guerra, a humilhação, a manipulação — é causada por nós mesmos. Sai do nosso próprio coração, da nossa mente, da nossa própria confusão.

Além disso, se não *virmos* exatamente qual é o problema, vamos perpetuá-lo. Ensinaremos aos nossos filhos a nossa confusão, e seguiremos assim, geração após geração, fazendo a mesma coisa a nós e aos outros.

Quando o Buda lançou um olhar honesto ao próprio coração e à mente, ele percebeu isso, da mesma maneira que inúmeros outros o perceberam desde então. Cada uma dessas pessoas via por si mesma que o seu sofrimento, e os meios de detê-lo, estavam dentro delas mesmas.

Isso não é dizer que deveríamos esperar estar livres de problemas, nem que, se apenas nos comportássemos corretamente, as coisas sairiam conforme a nossa vontade. A vida de nenhuma pessoa — incluindo a do Buda — é, foi ou estará livre de dificuldades. O buda-dharma não promete tornar nossa vida livre de problemas. Em vez disso, ele nos incita a examinar a natureza dos nossos problemas, o que eles são e de onde eles vêm. O buda-dharma não é uma filosofia "de gabinete". Nenhum castelo no ar. Trata-se de descer às coisas básicas e de agir sobre elas.

Há uma antiga história sobre um homem que foi ver o Buda porque ele, o homem, tinha ouvido falar que o Buda era um grande mestre. Como todos nós, ele tinha alguns problemas na vida, e achava que o Buda poderia ser capaz de ajudá-lo.

Ele disse ao Buda que era um fazendeiro. "Eu gosto de administrar fazendas", ele disse, "mas às vezes não chove o bastante, e minha colheita é escassa. No ano passado, quase ficamos na miséria. E às vezes chove muito, de modo que meus rendimentos não são o que eu gostaria que fossem".

O Buda escutou o homem pacientemente.

"Sou casado, também", disse o homem. "Ela é uma boa mulher... Eu a amo, de fato. Mas às vezes ela me apoquenta muito. E às vezes me canso dela."

O Buda ouviu serenamente.

"Tenho filhos", disse o homem. "Filhos bons, também... mas às vezes eles não demonstram ter muito respeito por mim. E às vezes..."

O homem prosseguiu assim, relatando todas as suas dificuldades e preocupações. Finalmente, ele se acalmou e esperou que o Buda dissesse as palavras que haveriam de ajeitar as coisas para ele.

Em vez disso, o Buda disse: "Eu não posso ajudá-lo."

"O que quer dizer?", perguntou o homem, surpreso.

"Todos têm problemas", disse o Buda. "Na verdade, todos temos 83 problemas, cada um de nós. Oitenta e três problemas, e não há nada que você possa fazer sobre isso. Se você trabalhar duro em um deles, talvez você possa resolvê-lo — mas, se fizer isso, um outro surgirá no lugar dele. Por exemplo, você num período posterior da vida perderá seus entes queridos. E você mesmo morrerá algum dia. Ora, há um problema, e não há nada que você, nem eu, nem ninguém mais possa fazer sobre isso."

O homem ficou furioso. "Pensei que o senhor fosse um grande mestre!", ele gritou. "Achei que o senhor poderia me ajudar! De que serve a sua doutrina, então?"

O Buda disse: "Bem, talvez ela o ajude com o problema de número 84."

"O problema de número *84*?", indagou o homem. "Qual é ele?"

Disse o Buda: "Você não quer ter nenhum tipo de problema."

Achamos que temos de lidar com os nossos problemas de modo a eliminá-los, ou distorcendo e negando-lhes a realidade. Mas, ao fazer isso, tentamos tornar a Realidade em algo que ela não é. Tentamos rearranjar e manipular o mundo para que os cães nunca ladrem, os acidentes nunca aconteçam e as pessoas por quem zelamos nunca morram. Mesmo superficialmente, a inutilidade desses esforços deveria ser óbvia.

Enquanto eu estava trabalhando neste livro, um grande amigo meu morreu — de repente, de modo inexplicável, sem nenhum aviso. Ele estava rindo com os amigos alguns momentos antes. Ele simplesmente atravessou o gramado até os degraus da entrada da casa, sentou-se e morreu. Rick era amável, generoso e querido por muitos. Tinha um casamento feliz e estável, e deixou uma mulher amorosa e três filhinhos. Tinha 36 anos e, tanto quanto ele e todos sabiam, tinha uma saúde excelente.

Quanto a mim, e quanto aos outros que o conheceram, sua morte foi muito triste. Muito chocante. Muito inesperada. E rápida. Senti muito a sua falta, e chorei com a sua família e com os muitos amigos que o amavam.

A vida humana é assim. Não podemos esquecer isso. A erva daninha crescerá, embora a odiemos e a queiramos extirpar; as flores fenecerão, embora as amemos e ansiemos para que durem.

A vida humana é caracterizada pela insatisfação. Ela está bem aqui conosco. Essa é a primeira verdade da vida humana proposta pelo buda-dharma. Como lidamos com essa realidade? Devemos fingir — ou esperar — que o que amamos não morrerá? Os que despertaram responderão com um decisivo "não".

O buda-dharma baseia-se na Realidade. Ele não é fantasia, nem pensamento veleitário, nem uma negação do que a vida humana é. Não há nenhuma tentativa de encobrir, de atenuar, de reinterpretar os fatos.

É imperativo reconhecer que nossa insatisfação se origina em nós. Ela surge da nossa própria ignorância, da nossa cegueira quanto a qual é a nossa situação de fato, de nosso desejo de que a Realidade seja algo que ela não é. Nosso anseio, nossa cobiça, nossa sede de algo que não a Realidade são o que nos deixa insatisfeitos.

A segunda verdade do buda-dharma, pois, é que essa insatisfação nasce em nós.

A terceira verdade é que podemos compreender a origem da nossa insatisfação, e podemos, assim, pôr um ponto final às suas formas mais profundas e existenciais.

A quarta verdade, de que me ocuparei brevemente, nos oferece um meio de ter justamente a experiência dessa compreensão. Esta às vezes é chamada de *nirvana* ou iluminação. Uma descrição mais exata, contudo, poderia ser simplesmente liberdade da mente.

Freqüentemente planejamos nossa busca espiritual — nosso corpo a corpo com problemas humanos fundamentais — a modo de uma jornada; mas o tipo de jornada em que nós embarcaremos agora não é uma jornada no sentido comum da palavra.

Em geral, pensamos numa jornada envolvendo movimento e direção, partindo para algum lugar no mundo ou ao contrário, para o íntimo, para o eu. Mas no Budismo nossa jornada não deve ir a nenhum lugar — nem para dentro nem para fora. Em vez disso, nossa jornada é para o que está próximo, para o que é imediato. Nossa jornada deve ser despertar aqui e agora, despertar *para* o aqui e o agora. Para estarmos totalmente vivos, devemos estar de todo presentes.

A pergunta é: como fazemos isso?

Para ter a resposta para essa pergunta, você tem que compreender três coisas. Em primeiro lugar, você deve verdadeiramente compreender que a vida é passageira. Em seguida, você deve entender que você já é completo, digno, íntegro. Finalmente, você deve *ver* que você é o seu próprio refúgio, o seu próprio santuário, a sua própria salvação.

Pegue uma flor — uma rosa bela, viva, fresca. Seu cheiro é maravilhoso. Ela revela um ritmo aprazível nas espirais de suas pétalas, uma coloração viva e ofuscante, uma superfície aveludada. Ela nos comove e encanta.

O problema com a rosa é que ela morre. Suas pétalas caem; ela emurchece, desbota e volta para a terra.

Uma solução para esse problema é ignorar a rosa real e substituí-la por uma de plástico, que nunca morre (e nunca vive). Mas será que queremos uma rosa de plástico? Não, claro que não. Queremos a rosa real. Queremos a que morre. Nós a queremos *porque* ela morre, *porque* ela é efêmera, *porque* ela fenece. É justamente essa qualidade que a torna preciosa. Isso é o que queremos, o que cada um de nós é: uma coisa viva que morre.

Seu corpo e sua mente também são preciosos, porque são igualmente efêmeros. Eles estão mudando — sempre, a cada momento. De fato, você não é nada exceto a própria mudança.

Examinemos isso com atenção por um momento. É fácil perceber que você não tem o corpo que tinha quando era criança. Nem a mesma mente. Se olhar com atenção, perceberá que não tem o mesmo corpo e mente que tinha quando virou para esta página momentos atrás. Nesses poucos segundos, muitas células no seu corpo morreram e muitas outras foram criadas. Mudanças químicas incontáveis ocorreram em órgãos diferentes. Seus pensamentos mudaram em reação às palavras nesta página e às circunstâncias ao seu redor. Milhares de sinapses no seu cérebro se desencadearam milhares de vezes. Em cada momento, você mudou.

Como a rosa, nosso corpo e nossa mente são efêmeros.

De fato, tudo na nossa experiência — nosso corpo, nossa mente, nossos pensamentos, nossos desejos e necessidades, nossos relacionamentos — são efêmeros. Mutáveis. Sujeitos à morte. Morremos a cada momento e novamente, a cada momento, nascemos. O processo do nascimento e da morte prossegue indefinidamente, momento após momento, bem diante de nossos olhos. Tudo para o que olhamos, incluindo nós mesmos e cada aspecto de nossa vida, é apenas mudança.

A vitalidade consiste nesse nascimento e morte. Essa impermanência; essa constante ascensão e queda são o que torna a nossa vida vibrante, maravilhosa e cheia de ânimo.

No entanto, comumente queremos impedir que as coisas mudem. Queremos preservar as coisas, apegar-nos a elas. Como veremos, esse desejo de se apegar, de algum modo parar de mudar, é a maior fonte de pesar, horror e problemas na nossa vida.

Você já está na realidade, quer a *veja* quer não. A realidade é o que está aqui, agora. Assim, você está aqui e agora também. Você já sabe de tudo isso, pela experiência imediata. Você não está separado da Realidade. Ela não está "lá fora" em algum lugar, mas bem aqui.

Isso nos dá a oportunidade de despertar. Você tem essa chance de despertar bem aqui, neste momento e a cada momento. Assim, a iluminação já lhe pertence.

A maioria de nós tende a pensar — pois aprendeu assim — que é o contrário, que temos de imaginar alguma coisa. Mas não. Nós não precisamos imaginar a nossa própria experiência; ela já está aqui, em primeira mão.

Você já é um iluminado. Tudo o que você precisa fazer é parar de bloquear a si mesmo e encarar com seriedade o hábito de atentar para o que está acontecendo. Não lhe falta nada. Você só precisa parar de se bloquear ou de interpretar a sua visão.

Na sua última conversa antes de sua morte, o Buda disse: "Que cada um de vocês seja uma luz para si mesmo; que ninguém recorra a um refúgio exterior. Que todos se apeguem à Verdade. Não busquem refúgio em ninguém a seu lado."

Você é a autoridade final. Não eu. Não o Buda. Nem a Bíblia. Nem o governo. Nem o presidente. Nem mamãe nem papai. Você. Nenhuma comunidade de filósofos, cientistas, padres, acadêmicos, políticos, nem generais — nenhuma escola, legislatura, parlamento, nem corte — podem ser responsáveis pela sua vida, pelas suas palavras ou ações. A autoridade é sua e apenas sua. Você não pode nem se livrar dela nem escapar a ela.

É claro, você pode fingir que desiste dessa autoridade máxima, ou ignorá-la como se você não a tivesse, ou tentar dá-la a alguém mais. Mas você, na verdade, não se livrou dela. *Você* passou sua autoridade para alguém mais. *Você* preferiu negar ou ignorar essa autoridade. *Você* tomou a decisão de mentir para si mesmo e fingir que lhe falta essa autoridade.

Longe de ser um fardo, essa autoridade máxima é, na verdade, maravilhosa. Ela significa que você tem o poder de despertar. Você o tem agora — nas suas próprias mãos. Você não tem que ir a nenhum outro lugar. Você pode despertar agora mesmo — já. Você está totalmente equipado para fazer isso agora, neste momento. Você já tem todo o poder de que vai precisar para compreender a felicidade.

Em outras palavras, você está totalmente preparado para qualquer coisa que possa acontecer. Cada um de nós tem a capacidade de ser simplesmente o que é, sem nada que se nos acrescente. Nada falta. Você tem apoio e é amparado, bem agora, mesmo que ainda não compreenda isso (ou não compreenda como). O banquete está à sua frente, e você encontra aí o seu alimento.

Para pôr um fim de vez à intranqüilidade do espírito, tudo o que você precisa fazer é *ver* que de fato não existe nada "lá fora" a se conseguir porque, já, neste momento, tudo está completo. Ao fazer isso, você pode despertar da confusão eterna, da angústia existencial, da pergunta não respondida sobre o sentido da vida.

Essa atividade — essa *visão* — é a quarta verdade do buda-dharma. É um meio pelo qual podemos ter a experiência da liberdade da mente.

A quarta verdade do buda-dharma apresenta oito aspectos, motivo pelo qual ela é chamada de caminho óctuplo.

E o que é esse caminho? Ele é, em primeiro lugar, *ver* o que é o nosso problema, e então resolver lidar com ele. Ao *ver*, você compreenderá que deve viver conscientemente, não pelo seu bem nem pelo bem de alguém mais, tampouco pelo bem de alguma meta, ou crença, ou idéia, mas pelo bem de estar de todo envolvido no momento. Quando você *vir*, você falará, agirá e conservará a sua vida de um modo consciente. A sensatez no falar, no agir e no modo de vida em geral se seguirá então naturalmente. Isso fornece os fundamentos para uma moralidade que de fato funciona.

O ensinamento moral que deriva do buda-dharma não é um código puritano de comportamento em que afetamos virtude, granjeamos simpatia ou prometemos ser bons para que possamos reivindicar uma recompensa em alguma data posterior. Em vez disso, a moralidade saudável ocorre completamente no momento. Ela se baseia na imediatez da Realidade, em como vivemos verdadeiramente. Nossa "recompensa" está no imediato, no aqui e agora, não numa "terra do nunca".

O caminho óctuplo também inclui o esforço, a concentração e a meditação; mas a meditação budista não é o que muitas pessoas acham que ela seja. Não é nem um exercício de relaxamento nem um esforço com vistas a algum estado mental específico. Essa meditação é simplesmente sobre aprender a estar aqui — a estar presente em cada momento e a observar o que está se passando.

O buda-dharma não nos convida a chapinhar em idéias abstratas. Em vez disso, a tarefa que nos oferece é atentar para o que verdadeiramente vivemos, bem neste momento. Você não tem de olhar "para algum lugar". Você não precisa imaginar nada. Você não tem de adquirir nada. E você não tem de fugir para o Tibete, nem para o Japão, nem para nenhum outro lugar. Você desperta bem aqui. De fato, você só pode despertar aqui.

Assim, você não tem de levar a efeito a longa procura, a caçada frenética, a busca dolorosa. Você já está exatamente onde precisa estar. A mesa está posta diante de você. Vejamos como podemos nos alimentar.

CAPÍTULO 2

Uma Roda em Más Condições

A primeira das quatro verdades que o Buda descreveu chama-se *duhkha* (duca). Duhkha não se traduz facilmente; assim, já que expliquei aqui, não a traduzirei.

Duhkha se traduz freqüentemente como "sofrimento". Mas isso é só uma parte do significado da palavra, porque o prazer também é uma forma de duhkha.

Em sânscrito, duhkha está em oposição a uma outra palavra, *sukha*, que significa "satisfação". Algumas pessoas traduzem duhkha como "insatisfação". Mas isso tampouco é o bastante.

Duhkha, na verdade, vem de uma palavra sanscrítica que se refere a uma roda em más condições. Se pensamos nessa roda como a que executa alguma função importante, como a roda de um oleiro, então a roda fora de posição cria uma dificuldade constante toda vez que tentamos fazer um vaso de barro.

No tempo do Buda, a imagem associada talvez fosse a de uma carroça sendo puxada com uma roda fora de posição. Você pode imaginar como é incômodo seguir num veículo assim. Os solavancos repetidos começam aborrecendo, depois se tornam uma perturbação constante. Talvez, a princípio, haja certo prazer nisso para o condutor da carroça — uma pequena comoção, talvez — mas depois de algum tempo isso se torna cada vez mais aborrecido.

A primeira verdade do buda-dharma compara a vida humana a essa roda em más condições. Algo básico e importante não está no seu lugar. Isso nos aborrece, nos deixa infelizes, várias vezes. A cada giro da roda, a cada dia que passa, conhecemos a dor.

É claro que há momentos de prazer. Independentemente do quanto tentemos cultivar o prazer e conservá-lo no nosso caminho, posteriormente esse prazer recua e a perturbação e o tormento voltam. Nada do que possamos fazer mantém essas coisas ao largo. Independentemente do que façamos, nossos 83 problemas continuam.

O que podemos fazer quanto a isso? Podemos começar por ver de maneira clara e total apenas o que é o problema.

Todos conhecemos a expressão "ver para crer". Mas o fato é que crer não é, na verdade, *ver*. Com efeito, eles são opostos. No melhor dos casos, a crença é uma conjectura refinada, informada, sobre a Realidade. Em contraste com isso, *ver* — a experiência crua, direta, não-adulterada — é a percepção direta da própria Realidade.

Tomemos um rápido exemplo. Suponha que eu aparecesse para você, lhe estendesse a mão fechada e lhe dissesse que estou segurando uma jóia. Ora, eu poderia estar mentindo ou dizendo a verdade. De qualquer modo, você não tem muito no que se basear. Enquanto minha mão estiver fechada, você não sabe se eu estou segurando ou não a jóia. O máximo que você pode fazer, considerando as informações limitadas que eu dei, é acreditar ou especular que eu tenho, ou não tenho, uma jóia na mão.

Só quando eu abro a mão é que você pode ver se há ali uma jóia ou não. E quando eu faço isso, a necessidade da crença — e a utilidade dela — se vai. Você pode ver por si mesmo se há ou não uma jóia, e pode basear suas ações no que vê, em vez de no que pensa.

O mesmo se dá com qualquer problema, questão ou dilema. A crença pode ser um tapa-buraco útil na falta da experiência em si, mas, quando você *vê* a Realidade, a crença se torna desnecessária. Na verdade, a essa altura, ela se posta no caminho da percepção clara e direta. Portanto, não podemos contar com aquilo em que simplesmente acreditamos quando queremos *ver* a Verdade e a Realidade. Só podemos contar com a percepção real e com a experiência direta.

A Verdade e a Realidade (os termos são sinônimos) estão aqui para você *ver*. Nem quinquilharias, nem bugigangas, nem chapéus engraçados, nem apertos secretos de mão. Só a própria Verdade. A própria Realidade. Não como você pensa ou espera ou acredita ou imagina que ela seja, mas como ela é antes de você (ou de qualquer um) colocar-lhe rótulos. Essa é a única forma de podermos ter a verdade — *vendo*-a, não nomeando-a nem apegando-nos a ela.

A Verdade ou Realidade não é algo vago, misterioso ou escondido. Você não tem de ir a alguém mais para encontrá-la — você não tem de ir a um mestre, a um buda, a seus pais, tampouco a um padre, ou rabino, ou xamã, nem mesmo a nenhuma autoridade. Também não se trata de algo que você possa encontrar num livro. A Verdade nos chega através da *visão*. *Ver* é Conhecer.

O *ver* não necessita de verificação posterior. Ela é imediata e se liga à Verdade. Mas comumente não somos muito versados em *ver* o que verdadeiramente se nos apresenta.

Para um exemplo concreto daquilo a que me refiro, veja a ilustração na página seguinte. Acredite ou não, trata-se de uma versão quase fotográfica de algo muito familiar, algo que você viu (ou pessoalmente ou em imagens) inúmeras vezes.

Se você não reconhece de imediato o que é, então atente para o seu estado mental. Procure perceber que há nele, em algum grau, uma confusão.

Algumas pessoas, ao verem pela primeira vez essa ilustração, dizem: "Acho que pode ser um homem deitado." Mas elas o afirmam com incerteza. Não estão muito seguras. Acreditam que possa ser um homem se deitando. (Foi nisso que pensei quando vi essa figura pela primeira vez.) Mas não há nenhum sentido de *visão*, nenhuma convicção de que você sabe o que a figura representa.

Continue olhando. Asseguro-lhe que, ao perceber verdadeiramente o que ela é, toda a sua incerteza imediatamente se dissipará. Você saberá o que ela é. Todas as crenças e desconforto sobre ela passarão instantaneamente.

Se você ainda não percebeu que figura é essa, continue olhando para ela por algum tempo. Posteriormente, você conseguirá. E quando isso acontecer, observe a súbita mudança que ocorre na sua mente. (Se você começar a perder as esperanças e precisar de ajuda, encontrará a solução no texto da página 140. Mas tente firmemente até descobrir do que se trata, de modo que você possa observar o choque do reconhecimento e a profunda mudança no seu estado mental.)

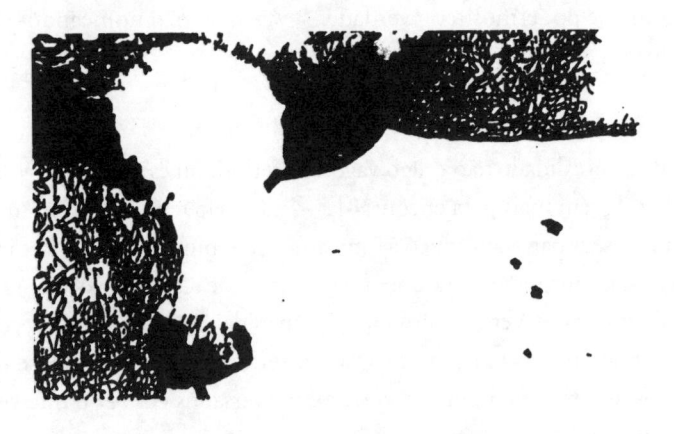

FIGURA MISTERIOSA

Você percebeu como a sua mente se relaxou quando, de repente, você viu e reconheceu o que viu? Seu estado mental, que antes era vago, misterioso, indistinto, confuso e incômodo, de repente transformou-se no momento em que você viu. Você teve lucidez e total convicção. E essa lucidez e convicção continuarão com você cada vez que você vir essa imagem de novo. Se alguém lhe disser: "É a figura de um homem deitado" — você saberá que ele está errado — e não haverá argumento que o influencie.

Isso é análogo à diferença entre *ver* e simplesmente ter uma crença, uma idéia, um conceito.

O buda-dharma aponta o caminho para um sentido semelhante, mas mais universal e profundo, o do "Aha!" Não se trata de ponderar sobre algum domínio vago, distante. Trata-se do aqui e agora. Do despertar para este momento, do *ver isto* pelo que ele é. E, assim como seu estado mental mudou quando você percebeu o que era a imagem, quando você de repente *vê* a situação em que está, você tem a certeza. As coisas se esclarecem. A isso se chama iluminação ou despertar.

Esse despertar é acessível a todos nós, a cada momento, sem exceção.

Enquanto continuarmos no nosso estado comum de confusão, porém, nossa mente será caracterizada pela frustração, pelo duhkha. De fato, se atentarmos cuidadosa e seriamente para a nossa situação, *veremos* que passamos por três tipos de duhkha.

O primeiro é o sofrimento constante, físico e mental. Quer gostemos disso ou não, o sofrimento é uma parte inevitável da nossa vida. Podemos minorá-lo, nos medicarmos ou anestesiarmos contra ele, tomar providências para evitá-lo ou reduzi-lo, e às vezes somos bem-sucedidos nisso. Mas não podemos fugir inteiramente dele. Mais cedo ou mais tarde, mesmo que você esteja em perfeita saúde agora, você se machucará, ficará doente, sentirá dor e morrerá.

De fato, em muitos casos, nossas tentativas de limitar ou de evitar o sofrimento podem na verdade aumentar a nossa dor. O exemplo clássico é o do sujeito com dor de dente que protela a visita ao dentista porque tem medo de que o tratamento doa. Por ele demorar muito, acaba tendo uma infecção grave e precisa de um tratamento de canal — muito mais doloroso, requerendo mais tempo e dinheiro do que o tratamento·de que ele necessitaria se houvesse ido prontamente ao dentista.

A dor física sempre acontece quando algo está fora dos eixos no nosso corpo. O sofrimento mental dá-se sempre que sentimos que algo está fora dos eixos na nossa vida, na vida dos outros ou no mundo em geral. O sofrimento mental acontece quando não temos o que queremos, ou quando somos obrigados a viver com o que não queremos e a suportá-lo.

O fato é que não podemos desviar os olhos da dor. Para onde quer que olhemos, ela nos acompanha. Temos de encará-la, ou nunca vamos descobrir uma saída para a situação em que estamos — essa situação de duhkha. Só podemos lidar com a dor encarando-a francamente.

A segunda forma de duhkha é a mudança. Todos os aspectos da nossa experiência, físicos e mentais, estão em constante fluxo e mudança.

Tudo aquilo em que pensamos, tudo aquilo para que apontamos ou olhamos ou sobre o que falamos está em fluxo constante. Se estamos no nosso estado mental comum, em oposição a um estado desperto, esse fluxo tem o registro da insatisfação, da perturbação, de duhkha.

E assim aumentamos o nosso problema ansiando (e tentando) deter essa mudança, tentando fixar as coisas em seus lugares. Tentamos isso externamente através da força, do controle e da manipulação. E o tentamos também interiormente, conceituando o mundo. Tentamos forçar tudo, arranjar tudo na nossa mente para que nos reste certo sentido, ou objetivo, ou alívio.

Mesmo que consigamos tornar a nossa situação cômoda por ora, isso só pode ser temporário. Todas as circunstâncias que envolvem essa situação momentânea mudarão inevitavelmente. E quando mudarem, nosso prazer momentâneo passará, só para revelar o duhkha uma vez mais.

Essa tentativa de explicar a natureza do mundo é uma manifestação profunda, ainda que sutil, da segunda forma de duhkha. Ela é tão dolorosa e perturbadora, porque não é mais do que a nossa tentativa desesperada de desafiar a Realidade. Podemos ansiar por uma morada em outro mundo, por um lugar onde esse sofrimento e frustração nunca ocorrerão. Podemos até mesmo tentar criar esse lugar, interior ou exteriormente. Mas não existe lugar assim, nunca existiu, nem pode existir. Um momento de reflexão sobre a morte deveria tornar isso óbvio. Tudo o que vive deve morrer; tudo o que vem a ser deve chegar a um fim ou mudar sua forma. É simplesmente impossível algo existir sem que haja mudança.

Enquanto permanecermos em nosso estado mental comum, não haverá escapatória do inevitável duhkha provocado pela mudança. Mas tendemos a não reparar nisso. Ao contrário, geralmente tentamos controlar e manipular o mundo: a nossa vida, nossas relações, os acontecimentos, outras pessoas. Essa tentativa é a maior fonte do segundo tipo de duhkha.

Enquanto não *virmos* que isso é assim, nossa suprema prioridade será chegar lá e controlar e manipular. Acreditaremos honestamente que, ao fazer isso, poderemos tornar o mundo melhor para nós mesmos e para todos os outros. Não compreenderemos que tudo o que criamos nesse processo é o dano — o sofrimento, a frustração e a doença física e mental: duhkha.

Nossa saída não é por meio do controle nem da ação intencional, mas da *visão*. *Só a visão* já é bastante. Mas como *ver* e o que *ver*? Trataremos disso daqui a pouco.

—

Além do duhkha do sofrimento, do duhkha da mudança, está o duhkha do existir. Essa terceira forma de duhkha é muito mais difícil de *ver* do que as primeiras duas. Ela normalmente requer certa contemplação séria.

Enquanto você vir a si mesmo como um ente distinto, separado, você também deverá ver-se como estando sujeito à morte. Se a sua existência está no ser, então você deve inevitavelmente deixar a existência. Essa compreensão traz em si um sofrimento profundo, além de inquietação e horror.

O modo mais simples de ter a experiência dessa forma de duhkha é tão-somente sentar-se sereno e refletir sobre o fato de que você não sabe as respostas para algumas perguntas básicas. Como chegou aqui? Quem é você? De onde veio? Para onde está indo? Você pode ter crenças e idéias sobre essas perguntas, mas você não conhece as respostas para qualquer uma delas por meio da sua própria experiência direta.

Atente para como o mundo é vasto. Há algum objetivo para tudo o que há nele? Atente para como cada um de nós é insignificante se comparado a essa imensidão. Para que é a vida humana? Por que todas essas coisas existem? Por que existe algo em vez de nada?

E então vem a grande pergunta, não respondida: "O que acontecerá a mim depois que eu morrer?" Dispomos de todo tipo de histórias acerca do céu e do inferno, sobre o esquecimento e o nada, sobre "voltar" e assim por diante; mas elas são todas histórias. A doutrina dos despertos não é sobre contar uma história a nós mesmos. É sobre investigar a experiência real. O que esta diz sobre a grande pergunta? Podemos entender algo sobre o lugar de onde viemos, ou para onde estamos indo, ou por que estamos aqui, ou o que acontecerá conosco quando morrermos? Sim, podemos; mas não podemos ter nenhuma satisfação tentando imaginar as respostas a essas perguntas.

Porém, se você examinar a sua própria experiência cuidadosamente, essa profunda intranqüilidade que todos sentimos só por existirmos poderá desaparecer — assim como o estado mental intranqüilo desapareceu quando você viu o que estava naquela figura misteriosa da página 36. Pelo ato de *ver*, você pode Conhecer.

CAPÍTULO 3

Vir

A segunda verdade do buda-dharma é o surgimento do duhkha. O duhkha surge da sede — do desejo, da vontade, da tentativa de ter o objeto cobiçado em nossas mãos. Esse anseio ou vontade aparece de três formas diferentes.

Primeiro há o desejo sensual. Tendemos a pensar que este é puramente físico, mas também é mental. É claro, queremos sensações físicas de bem-estar, estimulantes, mas também queremos um bom estímulo intelectual: uma boa conversa, uma vida emocional equilibrada, arte e entretenimento agradáveis e assim por diante. Na realidade, nosso desejo sensual é principalmente mental.

Nossa segunda forma de desejo é a nossa sede pela própria existência. Não queremos morrer. Queremos persistir de alguma maneira, continuar vivendo, para sempre.

Mas mesmo que possamos deixar de lado a nossa sede pela existência, ainda há uma terceira forma de desejo que nos atormenta: a sede pela não-existência. Queremos ser libertados, de uma vez por todas, deste mundo de dor e aborrecimento.

Duhkha surge repetidamente no nosso coração e na nossa mente como essas três formas de desejo. Quando não percebemos que isso é assim, nos esquecemos desse momento e somos apanhados pela ansiedade e pelo ódio — pelo desejo de que algumas coisas venham (ou permaneçam) e de que outras se vão. Virtualmente, todas as aflições da humanidade derivam dessas três formas de cobiça. Nossos maiores sofrimentos são assim todos infligidos por nós mesmos. Atente para o que o aflige e você, em última análise, descobrirá que isso se liga à sua cobiça, à sua vontade, ao seu desejo.

Mas tendemos a não observar isso. Basicamente, estamos confusos sobre o que verdadeiramente queremos. Não *vemos* facilmente que tudo o que realmente queremos — tudo o que qualquer um de nós quer — é simplesmente estar acordados. Não queremos ser confundidos. Não queremos passar pela vida num estado de ignorância. Mas geralmente somos ignorantes até mesmo nisso.

Porque ignoramos essa profunda necessidade do coração, buscamos aplacar nosso desejo adquirindo e encobrindo as coisas. Imaginamos que uma combinação de dinheiro, fama, amor e paz afugentará todas as nossas dores. Mas nada que possa ser adquirido é capaz disso ... e nós sabemos disso.

Os despertos não prometem que nossos 83 problemas — as vicissitudes da vida cotidiana — passarão. Não; os altos e baixos da vida permanecem com a vida. Mas, ao lidar com o octogésimo quarto problema — ao *ver* o afloramento de duhkha — nossos problemas não são mais propriamente problemas.

Meu mestre zen costumava contar a história de um sujeito que queria ir-se — não da vida, mas apenas de um mosteiro zen onde ele vivia.

Nos mosteiros zen é preciso prestar atenção constantemente ao que se faz, às experiências, de momento a momento. Todas as atividades são prescritas, e elas são realizadas deliberadamente em silêncio. Depois de algum tempo, isso pode afetar você — o que é precisamente o que aconteceu com o sujeito nesta história. Ele foi ver o mestre e disse: "Não agüento mais. Quero ir embora."

O mestre disse: "Está certo. Então vá."

Enquanto o sujeito se dirigia para a porta, o mestre disse: "Essa não é a sua porta."

"Oh! Me desculpe." O homem, surpreso, olhou ao redor e percebeu uma segunda porta. Enquanto se dirigia a ela, o mestre disse: "Essa não é a sua porta."

"Oh!" Olhou ao redor à procura de outra porta. Ele pôde ver que por trás do mestre havia uma portinha usada normalmente pelo assistente do mestre. Ao dirigir-se para essa porta, o mestre gritou para ele: "Essa não é a sua porta!"

Totalmente desnorteado e exasperado, o pobre homem disse: "O que quer dizer? Não há outra porta! O senhor me disse que eu podia partir, mas não existe uma porta por onde eu possa sair!"

"Se não existe nenhuma porta por onde sair", disse o mestre, "então sente-se."

Só podemos estar aqui. Não podemos partir. Estamos sempre aqui. Examine a sua vida e você *verá* que a situação é essa.

O "sente-se" do mestre significa começar a prestar atenção ao que está acontecendo verdadeiramente, em vez de fugir disso. Esse é o único modo de pôr um fim ao nosso sofrimento e confusão.

Infelizmente, tentamos lidar com a maioria dos nossos problemas voltando-nos para a porta, tentando deixar a nossa situação imediata por quaisquer meios ao nosso alcance. Mas o nosso problema real — a dor profunda do coração — não leva a parte alguma. Ele nos acompanha. Esse problema sério é a confusão.

━━

Nossos problemas mais dolorosos — a guerra, o crime, a pobreza, a ignorância, a ganância, a degradação — não são desastres naturais. O que deixa os americanos com o coração mais opresso, o terremoto ou os tumultos em Los Angeles? Por ruim que seja um terremoto, é nesses momentos que as pessoas se unem e se ajudam mutuamente. Entre a fumaça e os escombros, as pessoas estendem a mão umas às outras e se tornam mais confiantes nesse processo.

Mas enquanto há sempre alguns gestos nobres por parte de alguns heróis no meio de um tumulto, a fonte desse tumulto sempre somos nós — os seres humanos. Nós somos as condições que criam o conflito. O estopim. A origem do tumulto. E a continuação dele. Diferentemente de um terremoto, o conflito é totalmente o resultado do nosso poder — o que significa que está inteiramente ao nosso alcance impedi-lo.

Mas, para impedi-lo, devemos primeiro enfrentar a nossa verdadeira situação.

A ignorância pode ser insidiosa se não formos cuidadosos. Considere como, mesmo conseguindo as coisas maravilhosas que queremos, tendemos a viver na dependência de algo mais, de tudo o que nos possa ocorrer a seguir. Isso só pode durar enquanto a vida não perde o sentido. Ou é isso ou somos frustrados regularmente não conseguindo o que queremos. Perguntaram a Henry Ford, depois que ele chegou ao seu primeiro bilhão de dólares, o quanto ele queria mais. Ele disse que queria só mais um pouquinho.

Eis como se dá conosco. Por ignorarmos nossa verdadeira situação, estamos condenados a nunca ficar satisfeitos. Somos como a personagem de histórias em quadrinhos Hagar o Terrível, que, quando indagado sobre o que ele escolheria — poder, ouro ou a verdadeira felicidade — ele escolheu o poder: "Com o poder, eu poderia ter o ouro, e depois ser feliz."

Achamos engraçada a idéia de Hagar porque sabemos mais. No entanto, na maior parte do tempo, ignoramos esse mesmo conhecimento e agimos (ou pelo menos pensamos) de maneira muito semelhante à de Hagar.

Os bons tempos vêm e se vão. E os maus tempos também. No entanto, despendemos grande parte do nosso tempo e energia tentando trazer os bons tempos de volta. Não conseguimos perceber que os bons tempos chegam por si mesmos. Da mesma forma, os tempos ruins chegam, mesmo que gastemos muito tempo e energia tentando conservá-los à distância.

Não queremos passar por maus momentos, é claro. Mas eles estão fora do nosso controle, bem como os bons momentos. Os que não queremos virão (e passarão) independentemente do que fizermos para controlar a situação. Com os bons tempos se dará o mesmo. Assim, além de viver simplesmente cada momento de maneira total, compreenderemos que esse controle é impossível, um castelo no ar.

Isso não significa que não devamos programar as coisas para o futuro. Significa que faremos bem em não nos apegar a conseqüências particulares. O melhor que temos a fazer é concentrar o nosso esforço em estar presentes em vez de insistir no que o futuro deve ser.

Romper com o grilhão da ignorância e da cobiça implica *apenas ver*, e não fazer algo específico sobre isso. Quando você *vê*, o curso de sua ação se seguirá naturalmente.

O problema ao lidar com a cobiça é que, quando tentamos aplacá-la, só fazemos aumentá-la em alguma outra parte. Ela irrompe mais intensa do que nunca. Por exemplo, suponha que você pense: "Estou com vontade de comer uma pizza agora." Ótimo. Apenas pense.

Mas habitualmente não paramos por aí. Em vez de *apenas ver*, agimos sobre aquilo em que pensamos: "Eu não deveria estar querendo comer pizza. Tenho de parar de querer comer pizza."

Essa reação já é mais desejo. Estamos desejando pôr um fim ao desejo. Estamos fazendo o habitual de novo — nos esforçando por algo, insistindo, nos apoderando de algo. Isso é servidão, não liberdade. Essa é uma questão sutil mas crucial. Não há um remédio para esse problema que seja em si mesmo outro problema.

O único modo de erradicar esse problema é *vê-lo* e, portanto, não alimentá-lo mais.

Isso não é um convite à complacência nem à inação. Agir ou não agir nunca é a questão. Você não pode deixar de agir. A questão é sobre se você *vê* ou não. Todo o problema repousa nisso.

Evidentemente, esse problema é bem difícil de *ver* de modo claro, mesmo depois que ele nos foi apontado. À medida que vivemos, é ainda mais difícil *ver* a nossa vida — no entanto, isso é o que conta. Nosso problema vem do que o Buda descreveu como "inclinação da mente". A mente tende a se inclinar numa direção ou noutra porque, por ignorância, ela vê algo "à frente" que ela então deseja. "Quero isso de volta", "Quero isso agora", ou "Não quero mais isso. Deixe de lado, livre-se disso". De qualquer modo, definimos o que queremos ou não como algo separado de nós.

Na mente iluminada, na mente de um buda, não há nenhuma inclinação assim, nenhum pendor semelhante. Por outro lado, nossa mente comum — nossa mente conceitual — se inclina. Está cheia de exigências, de querer e desejar. Seng-ts'an, um dos fundadores do Zen-Budismo na China, escreveu, em "Confiar no Coração-Mente", que a pior enfermidade da mente é ser difícil de contentar. Os alemães têm uma expressão: "Todo aquele que escolhe colhe tormentos." É verdade. Onde quer que a escolha apareça, a mente de imediato adoece facilmente.

Duhkha — o sofrimento, a dor — está associado à escolha. Quanto mais falhamos em compreender isso, mais somos apanhados em duhkha. E mais deixamos de *ver* a sutileza dele.

Vivemos numa cultura em que nos ensinam a ver a liberdade como o aumento da escolha. Mas essa não é a verdadeira liberdade. De fato, é um tipo de escravidão. A verdadeira liberdade não está no aumento das opções, mas, ironicamente, é encontrada mais facilmente numa vida em que as escolhas são poucas.

Considere isto: às vezes, quanto mais séria é a escolha, mais fácil se torna fazê-la.

Compreendi isso quando tive câncer. Meu médico quis me submeter à quimioterapia, mas eu era avesso a tomar até mesmo uma aspirina. A idéia de injetar aquelas substâncias químicas poderosas no meu corpo me causava total repulsa. No entanto, eu tinha um tumor maciço no peito, caroços no pescoço, tumores no abdômen. Estava abaixo do peso e muito fraco e cansado. Sem tratamento, tinha apenas algumas semanas de vida, mas havia uma pequena chance de que pudesse sobreviver alguns meses, talvez até um ano ou mais, com os tratamentos.

Embora a idéia me causasse repulsa, a escolha era fácil. Eu disse sim à quimioterapia. Isso foi quase vinte anos atrás.

Isso não significa dizer que a liberdade da mente diz respeito a desistir de optar. As escolhas sempre continuarão nos detalhes e circunstâncias mutáveis da nossa vida. Mas o fato é que, quando se alcança a liberdade da mente, a escolha é fácil. Não temos outra opção a não ser acordar.

Quando escolhas insignificantes ocupam a mente, a necessidade é esquecida, e a vontade, o desejo e a insatisfação assumem o comando. A mente adoece com facilidade e fica insatisfeita em função da próxima coisa insignificante. Escolhas envolvendo casos de vida ou morte são poucas e (comumente) fáceis de serem feitas, por dolorosas que sejam. Isso não acontece com as escolhas inconseqüentes; no entanto, desnecessariamente, enchemos nossa vida com elas. Achamos que elas trazem prazer, mas só geram insatisfação.

Assim, sem compreender o que de fato estamos fazendo para nós mesmos, nos tornamos cada vez mais limitados.

Se não tivermos cuidado, teremos uma vida de ocupações, complicações e coisas desnecessárias. Nesse caso, nos enchemos de uma sensação de vazio e sem sentido. Nossos pensamentos se tornam complicados em virtude de detalhes e vontades irrelevantes, e ficamos ainda mais confusos. Mas, nos nossos momentos tranqüilos, sentimos que não existe nenhuma liberdade no aumento de escolhas irrelevantes. Trata-se da estratégia errada para o jogo... e sabemos disso.

Consideremos uma outra forma pela qual a intenção se liga a duhkha.

Na minha juventude, eu dirigia um Austin Healey Sprite, um carro esporte pequeno, muito parecido com um MG. Tratava-se de um conversível.

Em certa ocasião, fiz uma viagem pelo país com um amigo. Para economizar dinheiro, acampamos pelo caminho. Era março, a baixa estação. Chegamos tarde certa noite ao Indiana Dunes State Park ao longo da costa do Lago Michigan. Pensei que estivesse fechado, mas o portão estava aberto quando chegamos lá. Não havia ninguém por perto, de modo que fomos direto para a área de acampamento a fim de montar a barraca. Estávamos cansados da viagem, de sorte que nos recolhemos assim que nos instalamos.

Antes de me recolher, tirei o relógio e o pendurei na haste de pisca-pisca. Já que ninguém estava perto, também coloquei a carteira sobre o painel. Depois, rastejei para o meu saco de dormir e peguei no sono.

Meu amigo não tinha nenhuma familiaridade com dormir numa barraca. Depois que eu estava dormindo havia algum tempo, ele me despertou. Estava perturbado com algo se movendo ao redor do lado de fora. Ele era um menino de cidade grande; achou que pudesse ser um assaltante. Eu ri disso. Estava acostumado a acampar, e esperava que criaturas sussurrassem ao redor da barraca à noite. Disse-lhe que não se preocupasse, virei para o lado e voltei a dormir.

No dia seguinte, quando saí da barraca, aproximei-me do carro para o meu ato matinal de espreguiçar. Enquanto estava ali com os braços estirados, percebi que o teto do meu carro tinha sido rasgado num T, com os lados caindo em torno de um grande buraco.

Parecia um ato de destruição inconseqüente, pois a minha carteira ainda estava no painel, e o meu relógio ainda estava na haste de pisca-pisca. O capô do carro só estava cortado e danificado. Eu me senti terrível. Quem iria rasgar o teto do meu carro com uma faca sem nenhum motivo? Eu não queria viver num mundo em que as pessoas faziam esse tipo de coisa.

Depois, enquanto andava pelos bosques nas proximidades, dei com uma caixa de biscoitos rasgada. Não havia nenhum biscoito, só os restos da caixa. Não pensei em nada disso mas atirei-a no lixo.

Um pouco depois, de volta ao carro, meu amigo começou a procurar algo no compartimento aberto diante do banco do passageiro. De repente, ele bradou: "Hei! Meus biscoitos desapareceram!"

Tudo se juntou num segundo: meu amigo da cidade foi inocente a ponto de deixar uma caixa de biscoitos no carro durante a noite, e um guaxinim rasgou o capô do meu carro para pegá-la.

Imediatamente, meu sentimento negativo sobre o incidente se transformou. Quando pensei que rasgarem o capô do meu carro fosse o ato in-

conseqüente de uma pessoa, senti uma aflição no coração que f[...]
simples irritação. Mas quando compreendi que havia sido um gua[...]
Bem, é claro, um guaxinim não vai pensar: "Esses biscoitos não são[...]
Eu não deveria comê-los." Um guaxinim só entra do modo como sa[...]
trar, sem nenhuma malícia nem sentimento de posse. Havia alimento, [...]
turalmente ele ajudou a si mesmo. Não havia nenhuma confusão, nenh[...]
ma culpa.

De repente, não senti mais nenhum grande sofrimento. Não havia
mais aquele vazio insuportável no peito.

Mas por que o meu estado mental deveria alterar-se tão drasticamente com essa compreensão? Por que a ação de um guaxinim é tão diferente
da de um vândalo?

A diferença é a intenção.

—

Amiúde achamos que o propósito de realizar uma prática espiritual é ense-
jar boas ações em oposição às más. De acordo com o buda-dharma, contudo, essa não é, de maneira nenhuma, a questão. Esta é, de preferência, que
nos tornamos conscientes de quando e de como agimos intencionalmente.

A maioria de nós, na maior parte do tempo, tende a agir com intenção, tentando realizar algum fim desejado. Mas a natureza não age com intenção. Tampouco buda. Agir sem intenção significa agir fora da Totalidade — fora da *visão* do Todo.

—

Mas por que não aprender apenas a fazer o bem em oposição ao mal?

Porque não se pode estabelecer nenhum "bem" ou "mal" concreto, imutável. Bem e mal não são absolutos. São crenças, julgamentos, idéias baseadas no conhecimento limitado bem como nas inclinações da nossa mente.

A situação em que sempre vivemos é como a do sábio fazendeiro chinês cujo cavalo escapou. Quando o vizinho foi consolá-lo, o fazendeiro disse: "Quem sabe o que é bom ou mau?"

Quando o cavalo dele voltou no dia seguinte com um bando de cava-
los que o seguiam, o vizinho tolo foi felicitá-lo pela sua boa fortuna.

ɔom ou mau?", disse o fazendeiro.

ιo do fazendeiro quebrou a perna tentando mon-
ɔs, o vizinho tolo foi consolá-lo de novo.

ɛ é bom ou mau?", disse o fazendeiro.

ɪo passou, convocando os homens para a guerra, dei-
ɪndeiro por causa da perna quebrada. Quando o ho-
ɪr o fazendeiro pelo fato de seu filho ter sido poupado,
ɪro disse: "Quem sabe o que é bom ou mau?"

ρodemos esperar que a história termine?

———

ates ressaltou que nos comportamos como se a morte fosse a pior das
alamidades — no entanto, ao que nos é dado supor, ela talvez seja a
maior de todas as bênçãos. O que devemos chamar de bom? O que devemos chamar de mau? Bom ou mau nunca é escolha nossa, nem mesmo o
problema.

Durante a Guerra Civil, ambos os lados reivindicavam o apoio de
Deus. Estava claro para cada lado que eles estavam fazendo a coisa certa.
Esses sentimentos foram proclamados vezes o bastante para o presidente
Lincoln observar: "Deus não pode ser favorável e desfavorável à mesma coi-
sa ao mesmo tempo."

Quanto mais tempo jogarmos esse jogo, mais nos enganaremos. O
bem *versus* o mal evidentemente não é a questão. Há algo mais fundamental em jogo.

Mas o que estamos procurando?

Se a nossa idéia de bem se opõe a alguma coisa mais, podemos estar
certos de que o que chamamos de "bem" não é absoluto nem certo. Somente com a *visão* podemos esperar achar o que está além de nossas idéias va-
cilantes e relativas de bom e de mau. Se vivêssemos de uma forma que de
algum modo estivesse além das dualidades incertas do mundo relativo, deveríamos aprender a observar a inclinação da nossa mente — a nossa intenção, a nossa vontade, o nosso desejo sequioso.

Não reprima o seu desejo nem tente refreá-lo. Você só fará aumentá-
lo e exacerbá-lo. A questão é não matar o desejo. A questão é *ver*.

CAPÍTULO 4

Ir

A terceira verdade do buda-dharma simplesmente afirma que tudo o que está sujeito a aparecer também está sujeito a desaparecer. E já que o duhkha aparece, ele também está sujeito a desaparecer.

O desaparecimento de duhkha — o fim da confusão, da tristeza e da perda — é o nirvana.

O Buda se referiu ao nirvana como o "não-nascido, o não-crescido e o não-condicionado". Ele disse,

> Se não houvesse o não-nascido, o não-crescido e o não-condiciona-do, não haveria escapatória para o nascido, para o crescido e para o condicionado. Já que existe o não-nascido, o não-crescido e o não-condicionado, há escapatória para o nascido, para o crescido e pa-ra o condicionado.

O nascido, crescido e condicionado se refere a tudo o que você pode conceber — inclusive a si próprio.

Olhe ao seu redor. Não há nada que você possa achar — na verdade, nada que você possa imaginar — que não tenha nascido, crescido ou que não exista em relação a outras coisas. Ter nascido, crescido e respondido a condições está inscrito no próprio tecido do mundo em que vivemos.

Mas o Buda também destacava que há um aspecto da experiência que não é nascido, nem crescido, nem condicionado. Esse aspecto não-condicionado está diretamente disponível à percepção. Podemos *vê-lo* — só não podemos conceituá-lo ou defini-lo.

Em suma, nossa situação é tudo menos desesperançada. Há de fato algo Real, Genuíno e Verdadeiro para que o *vejamos*.

De volta ao período em que tive câncer: às vezes eu me encontrava com outras pessoas na mesma condição. Sempre tivemos muito a compartilhar. E assim aconteceu que fiquei amigo de um homem que estava morrendo dessa doença.

Eu costumava visitá-lo no hospital. Mas eu me lembro de certa noite em particular em que tudo pareceu diferente. Não foi como as outras noites em que eu o visitara. Por alguma razão, o hospital parecia muito mais tranqüilo do que o habitual.

Meu amigo estava deitado na cama, ligado a uma máquina que às vezes parecia suspirar, quebrando o silêncio. De outro modo, o silêncio era imenso, exceto pelo rádio, sintonizado numa estação de música clássica que mal se podia ouvir.

Sentei ao pé de sua cama e conversamos serenamente durante alguns momentos. Nossa conversa foi, em sua maior parte, silêncio. Só o rádio e a máquina suspirante.

Ele tinha dores e pediu-me que lhe fizesse uma massagem. Fiz isso por alguns minutos. Então, depois, conversamos durante algum tempo.

Depois de certo silêncio, ele de repente pôs as mãos sobre o rosto e suspirou profundamente. A realidade por fim o estava surpreendendo. Ele estivera lutando com a doença na maior parte do ano, mas naquele momento a realidade da sua morte finalmente o estava atingindo. Por fim, ele baixou as mãos e pôs-se apenas a olhar para a frente.

Eu lhe disse: "Onde quer que nós vamos, é sempre assim."

Perplexo, ele olhou para mim e disse: "O que você quer dizer?"

Fiz um gesto e disse: "*Assim.*"

A aparência de perplexidade continuou por um momento. Então sua expressão se transformou. Ele entendeu.

Esta foi a última vez que falamos um com o outro.

Sentei-me com ele um pouco mais, naquele quarto com um silêncio mortal e com uma máquina ofegante. E o rádio longe demais.

Ele morreu no dia seguinte.

～

Algumas pessoas acham que a doutrina dos despertos é niilista, como se ela afirmasse um tipo de nada. Como se, de algum modo, o nirvana fosse uma queda em um tipo de esquecimento sereno, um cinza flutuante, à deriva, num mar sem limites. Isso não é o nirvana.

Lembre-se de que tudo o que vemos, ouvimos, sentimos e pensamos é fluxo constante e mudança. Nada dura. Ansiamos pela permanência e, como resultado, sofremos, pois não achamos nada disso. Parece que há apenas esse ir e vir, esse ir e vir, essa ascensão e queda intermináveis.

Sentimos tudo como movimento. Na verdade, os físicos nos dizem que a matéria nada mais é que movimento. E não importa como a olhemos, em qualquer escala, nossa experiência é sempre de movimento, de mudança.

Isso é verdadeiro para tudo no mundo físico, incluindo o nosso corpo. Cada célula — na verdade, cada átomo de cada célula — não revela nada senão esse ir e vir sem fim. Nosso corpo se refaz de momento a momento, e nunca é o mesmo.

O mesmo é verdadeiro para a nossa mente. O conteúdo da nossa mente também está em constante movimento. Pensamentos, sentimentos, idéias e impulsos afloram, um atrás do outro; depois florescem e fenecem como flores finda a sua estação.

O nirvana é *ver*, de modo total e completo, que isso é assim.

～

Precisamos ver a nossa situação pelo que ela é. Não somos realmente loucos nem estúpidos. Apenas não vemos — ou seja, não prestamos atenção ao que vemos.

Tendemos a pensar em nós como pessoas ou indivíduos — entidades separadas que persistem através do tempo.

Mas nós não somos isso.

Isto que chamamos de pessoa, o Buda simplesmente se referiu como "fluxo".

Se você for como a maioria das pessoas, você pensará em si mesmo como tendo nascido. Mas se você atentar cuidadosamente para essa idéia, verá que não tem nenhuma experiência imediata de ter vindo à existência. Procure rastreá-la. Siga a sua memória. Lembra-se de ter vindo à existência? É claro, você não começou no nascimento — mas quando começou? Na concepção? Quando, exatamente, a concepção ocorreu? Quando o espermatozóide pela primeira vez penetrou o óvulo?

Mas, e quanto ao espermatozóide e ao óvulo? Quando eles começaram? Com seus pais? E quando estes começaram? E os pais deles antes deles?

A verdade é que você não pode encontrar o "vir a ser" como um evento na experiência real. Tudo envolve o que veio antes na sua identidade. Depende de condições anteriores que, por sua vez, dependem de condições ainda mais antigas, e assim por diante, até onde possamos rastrear ou imaginar. Em outras palavras, existe algo muito estranho e contraditório e desestabilizador acerca desse conceito de "vir a ser".

Não obstante, essa é a Realidade. Esse é o mundo. Esse é o *assim*.

Esse mesmo problema acontece com tudo o que é concebível. Por exemplo, estou sentado aqui diante do meu computador escrevendo estas palavras. Mas quando elas se tornaram um livro? Enquanto eu as escrevia? Quando terminei a revisão final? Quando entreguei o manuscrito ao meu editor? Quando as páginas impressas foram encadernadas?

Quando este livro começou? Quando concebi a sua escrita pela primeira vez? No entanto, este livro foi sendo escrito durante décadas. Será que começou quando me pus a estudar o Budismo? Quando as idéias em que ele se baseia foram ensinadas há 25 séculos? O fato é que a escrita deste livro é inseparável dos esforços e opiniões de pessoas incontáveis por milênios.

E quanto ao fim? Onde este livro (ou você, ou eu) termina? Se tudo é um fluxo, então não existe nada que persista como um livro (nem você, nem eu) e possa chegar a um fim. O material que forma este livro, neste momento particular, está passando — sempre passou — por inúmeras mudanças, sem dar nenhuma indicação de que estas um dia cessarão.

E se dissermos que a essência deste livro (ou você, ou eu) não está na materialidade, mas na sua dimensão mental ou intelectual, de novo só descobriremos mudanças sem fim, sem que nada seja criado nem destruído.

Temos histórias que dizem: "No princípio Deus criou..." Entretanto, de onde veio Deus?

Se tudo é, na verdade, um fluxo, onde encontramos princípios ou fins? Somos como o vizinho tolo que continua indo ao fazendeiro sábio ou para consolá-lo ou para felicitá-lo. Quando esperamos que a história termine?

O começo e o fim são inconcebíveis.

Voltemos novamente os olhos para os três desejos que discutimos no último capítulo, mas desta vez de um ângulo diferente.

O primeiro, o desejo do prazer sensorial, pode ser visto simplesmente como o desejo de agradar a nós mesmos. Só queremos ser felizes. Mas como você pode ser verdadeiramente feliz quando tem uma pena de morte sobre a cabeça?

Isso nos leva ao segundo desejo. Preferiríamos não morrer. Como você vai contornar isso? Se você nasceu, vai morrer. É só isso. Mas, e se essa visão da extinção, que tem um apelo tão profundo sobre nós, não se mostrar correto? E se verdadeiramente estiver baseado na confusão? Se assim for, como podemos reconhecer isso e, dessa forma, nos livrarmos de semelhante visão?

Nosso problema é que não *vemos* a mudança como um simples ir e vir. Em vez disso, achamos que ela de algum modo acarreta a persistência — mesmo que isso esteja em contradição com a experiência direta, que só revela fluxo e mudança. Imaginamos que as coisas passam a existir, duram por algum tempo e então se vão da existência.

Por pensar dessa forma, ainda temos outro desejo: o da não-existência — o de controlar a nossa extinção.

Os três desejos afloram por causa da confusão sobre o que é a mudança.

O Buda falava sobre extinguir esses desejos. Mas como podemos fazer isso? Nossa intenção de fazer isso não é também um outro desejo? E um desejo não leva a outro? Parece que os desejos são inexauríveis. Assim, o que devemos fazer?

Podemos parar de alimentar a chama do desejo e deixar que a chama diminua e se apague, como uma lamparina cujo combustível terminou. O buda-dharma nos oferece dois modos de fazer isso. O primeiro é o que o Buda chamou de "menos desejo". O segundo é por vezes chamado de "esquecer o eu".

Diz-se que, se você jogar um sapo em água quente, ele dará um salto para fora da água. Se você o colocar em água morna e ir aumentando a temperatura aos poucos, ele ficará ali até morrer.

Não somos sapos. Temos a capacidade de *ver* e de *conhecer* quando estamos entrando demais numa situação não saudável. Mas temos de dar conta do que *vemos*. Não temos de continuar a escorregar por um terreno íngreme. Podemos parar, dar meia-volta e seguir em outra direção. Mas isso só pode ser feito quando *vemos* a nossa situação pelo que ela é.

Esse recuar do precipício é a prática do menos desejo.

Nossos sentidos se empanam quando os sobrecarregamos. Mas, uma vez que eles estão entorpecidos, é tentador sobrecarregá-los ainda mais até que estejamos entorpecidos demais para sentir muito. Esse é precisamente o ciclo vicioso das drogas. O efeito global que sentimos é o oposto do que desejamos.

Mas não são apenas as drogas que viciam e têm o poder de nos levar além dos limites. Por exemplo, à medida que o milênio chega ao fim, vamos ficando indecisos sobre a grande arte e a música simplesmente porque, com a nossa tecnologia, tornamos essas coisas demasiado banais. Quando podemos ver reproduções dos *Girassóis* de Van Gogh regularmente, não percebemos mais sua vitalidade incrível e gritante. E quanto sobra do poder da Quinta Sinfonia de Beethoven depois de a ouvirmos cem vezes? (Poderia ajudar lembrar que, para as pessoas da época de Beethoven, só o fato de ouvi-la era um acontecimento raro.)

Como podemos lidar com essa situação? Deveríamos tentar extinguir os nossos desejos? Deveríamos pensar neles como ruins, ou errados, ou maus? É claro que não. Essas abordagens simplesmente acrescentam mais combustível à mesma chama.

Assim, o que podemos fazer? Primeiro *vemos*. Depois, nos voltamos e nos vamos serenamente.

Não precisamos impor nenhuma pressão a nós mesmos. *Vendo* simplesmente como as coisas são de fato — o que leva à confusão e o que leva à lucidez — começamos a dar meia-volta.

A natureza tem suas formas de controle e equilíbrio. Tendemos a passar por cima delas com o nosso pensamento. Podemos, contudo, fazer um esforço consciente para *ver* e deixar o equilíbrio se restabelecer. Com a *visão*, restaurar o equilíbrio não é mais problemático e sacrificante do que não colocar a nossa mão no fogo. Quando *vemos* o que esse ato acarreta, nós não temos o impulso de fazer mais isso.

❧

O outro modo de lidar com nossos desejos é dirigir o seu foco para longe de nós. Esquecer o eu é lembrar que não existimos sozinhos, mas em relação com outras pessoas, com outras criaturas, com o planeta e com o universo. Trata-se de se concentrar não em nós mesmos, como uma força responsável pela manipulação dos outros, mas em como a nossa vida faz parte da dos outros — e na verdade de toda a atividade de um universo dinâmico.

Assim, temos oportunidades infinitas de esquecer o eu — ao plantar uma árvore para gerações futuras; ao criar um poema, uma refeição, um vaso de barro; ao jogar beisebol de maneira entusiasmada, sabendo que seus oponentes são tão vitais para o jogo quanto você.

Em geral, nosso desejo, nossas ações, nossa fala e nossos pensamentos são criados para realizar algum fim particular para exercer controle. Então, quando esses esforços para o controle fracassam (como inevitavelmente devem fracassar se conservados por muito tempo), nós sofremos.

O buda-dharma não nos pede que renunciemos ao controle. Em vez disso, ele reconhece que nós nunca o tivemos em primeiro lugar. Quando pudermos ver isso, o desejo de controle naturalmente começará a minguar. A questão não é tentar parar de exercer o controle, nem de condenar o desejo de controlar como mau ou errado. A questão é *ver* as coisas como elas são, para reconhecer o que está realmente acontecendo. Por meio desse conhecimento e reconhecimento, podemos parar de sofrer.

No centro do nosso desejo de controle está o nosso sentido do eu. Mas com a visão, esse sentido perde seu apelo. O que se torna extinto é esse falso sentido do eu. Paramos de nos apegar a alguma coisa que, em primeiro lugar, não estava lá.

Nossa primeira reação a isso pode ser: "Mas quem quereria isso?" Se atentarmos para isso mais cuidadosamente, descobriremos uma profunda libertação. Pois, se o que nos assusta mais é, de fato, ilusório, então, despertar para sua natureza ilusória enseja a liberdade mais profunda. Nosso maior medo é o de que cada um de nós — "eu" — algum dia se vá da existência. Mas como pode algo que não tinha nenhuma existência concreta deixar de existir?

O Buda disse,

> Assim como um homem estremece de horror quando pisa numa serpente, mas se ri quando olha para o chão e vê que se trata apenas de uma corda, assim também eu descobri um dia que o que eu chamava de "Eu" não podia ser encontrado, e todo medo e angústia passaram com o meu engano.

O buda-dharma mostra o caminho para que cada um de nós desperte desse mesmo engano fundamental. Quando despertamos, nossos medos e angústias naturalmente passam, como a noite se esvai ao nascer do Sol.

CAPÍTULO 5

A Arte de Ver

A quarta verdade do buda-dharma, também conhecido como caminho óctuplo, nos oferece uma compreensão e uma prática para realizarmos a cessação de duhkha.

Esse não é um caminho que possamos tomar para ir do ponto A ao ponto B. Sua natureza peculiar é que, no momento em que pisamos nele, todo o caminho é compreendido de uma vez só. No entanto, com cada passo que damos podemos aprofundar a nossa compreensão.

Os oito aspectos desse caminho são: *visão correta, intenção correta, fala correta, ação correta, modo de vida correto, esforço correto, concentração correta* e *meditação correta.*

Trataremos dessas coisas daqui a pouco, mas primeiro consideremos a palavra "correto". A palavra que o Buda usou de fato era *samma. Samma* é normalmente traduzido como "correto" — mas não "correto" em oposição a "errado", nem a "ruim", nem a "mau". Em geral, no momento em que dizemos "correto", já implicamos "errado". O dualismo é que está implicado.

Aos que não estão familiarizados com o termo como ele está sendo utilizado aqui, o dualismo simplesmente se refere ao mundo da esquerda e da direita, da escuridão e da luz, do bom e do mau, do puro e do impuro. Trata-se de uma tela de fundo para o nosso mundo cotidiano que envolve correr atrás de algumas coisas e fugir de outras, o mundo em que, se você é diferente de mim, há algo errado com você.

Obviamente, isso não é o que Buda queria dizer com *samma*. O termo sugere algo muito mais sutil. É melhor que entendamos correto como "isso é apropriado", "isso funciona", "isso está em sincronia com a Realidade". Correto, no caminho óctuplo, não significa certo *versus* errado, mas sobretudo *ver versus não ver*. Refere-se a estar em contato com a Realidade, em oposição a ser enganado pelos nossos próprios preconceitos, pensamentos e crenças. *Samma* se refere à Totalidade em vez de à fragmentação.

Assim, quando usarmos a palavra "correto" nos capítulos por vir, ela se referirá ao que é conducente ao despertar, em vez de a algo que possa ser comparado com alguma coisa errada.

❧

O primeiro aspecto do caminho óctuplo é a *visão correta*. De acordo com o Buda, apegar-se a qualquer visão particular é congelar a Realidade, é tentar encapsular o mundo no pensamento. Adotar uma visão é como tirar uma foto — você congela a cena bem ali.

Quando você mantém um ponto de vista, não tarda muito para que sua visão entre em conflito com outras. Depois disso, as pessoas que mantêm vários pontos de vista se dividirão em campos separados. E então começarão a se perseguir umas às outras.

O que o Buda quis dizer com *visão correta* não é nada disso. A *visão* de um buda não é uma visão comum, congelada.

❧

Há os que afirmam que o Buda não tinha visão de nenhum tipo, mas isso não está correto. O que o Buda quis dizer com *visão correta* não se deixa apreender por uma visão particular. Não se trata de ser tomado por idéias, conceitos, crenças ou opiniões.

A *visão* de um buda é a do modo como as coisas realmente são — que, à luz do fluxo constante e do fluxo do mundo, não é nenhum modo em particular. Apesar de tudo, como as coisas podem ter um modo particular se elas estão em constante movimento? Como uma visão segura de um mundo que nunca é seguro pode ser exata?

Não são os acidentes do mundo que nos fornecem a *visão correta*, mas o próprio mundo, como um Todo [*Whole*] sempre dinâmico. A *visão correta* é Saudável [*Wholesome*]— isto é, deriva do Todo. A tudo inclui. Nada deixa de fora. Semelhante visão, por definição, não trava guerra com nenhuma outra visão. Na realidade, não pode fazer isso. Já que ela pertence ao mundo dinâmico como um Todo, não podemos conceber nada que se oponha a isso.

O segundo aspecto do Caminho é a *intenção correta*. Às vezes ela também é chamada de *resolução correta*, *motivo correto* ou *pensamento correto*.

Há uma história de Sócrates pondo à prova a verdadeira intenção de um jovem que foi procurá-lo para receber orientação. Sócrates queria ver se esse jovem realmente se decidira a buscar a Verdade. Ele levou o jovem até o rio e, depois de vadear na água, pediu ao jovem que o acompanhasse. Quando a água estava à altura da cintura, Sócrates de repente pegou o rapaz e o afundou na água. Naturalmente, o jovem logo começou a se debater para respirar. Sócrates então o ergueu da água e disse: "Quando você lutar pela verdade como luta para respirar, volte que eu o ensinarei."

Essa é a *intenção correta*, a *resolução correta*.

De fato, você não pode aprender a Verdade com ninguém. Ela só é *vista* por meio da sua própria resolução. Se você não se decidir a despertar, não haverá nada que um mestre possa fazer por você. A *resolução correta* se parece com uma pessoa cujos cabelos pegam fogo. Quando seu cabelo está em chamas, você não pesará os prós e os contras de apagar o fogo. Se o seu cabelo está pegando fogo, não há meio-termo. Você não *vê* nenhuma opção. Você age.

A *fala correta* é o aspecto seguinte do caminho óctuplo.

A forma mais óbvia da *fala correta* é evitar a mentira. Independentemente da justificativa moral que você possa ter para não mentir, há algumas razões muito práticas para ser sincero. O caminho óctuplo envolve manter a mente à margem do excesso de perturbações, de modo que você possa continuar presente aqui e agora. (Apesar de tudo, só *aqui* e *agora* é que você desperta.) Se você fosse mentir, sua mente se distrairia de imediato. Agora você tem de acompanhar o curso do que você disse, e a quem, e como a história deveria progredir, e assim por diante. Não há um fim. Despertar de repente fica mais difícil.

Um segundo fator da *fala correta* equivale a não falar de maneira cruel nem rude. Esse tipo de fala é desnecessário, indigno e perturbador.

Outros aspectos da *fala correta* incluem não falar mal dos outros e se abster de fofocas e conversa fiada. Obviamente, chafurdar na trivialidade, na difamação ou na fantasia não é conducente ao despertar.

—

O quarto aspecto do caminho óctuplo é a *ação correta*. Essa é a ação que procede de uma mente liberta, uma mente não embalsamada nos constructos rígidos do pensamento.

—

O quinto aspecto do caminho óctuplo é o *modo de vida correto*. Como podemos conquistar nosso lugar neste planeta sem prejudicar os outros, o ambiente ou a nós mesmos?

O buda-dharma não fornece listas de profissões aprovadas, é claro; em vez disso, oferece orientação para ajudar cada um de nós a despertar para mostrar como podemos ter uma vida que estimule a franqueza, a introvisão, a honestidade e a harmonia.

—

O *esforço correto*, o sexto aspecto do caminho óctuplo, é um envolvimento consciente e em andamento com cada instante. É o abandono voluntário da nossa mentalidade fragmentada e do nosso pensamento dualista, momento após momento, e o encorajamento dos estados mentais íntegros e saudáveis.

—

O *esforço correto* está ligado estritamente ao sétimo aspecto do caminho óctuplo, a *concentração correta*. Isso simplesmente significa não esquecer qual é o nosso real problema: duhkha.

Por meio da *concentração correta*, deparamos por vezes com os estados e funções da nossa mente, com o modo como na verdade estamos envolvidos no mundo de momento a momento. Através dessa observação e consciência, podemos nos tornar íntimos com o modo como operamos a partir de cada um desses estados mentais.

O aspecto final do caminho óctuplo é a *meditação correta* ou *concentração correta*. A *meditação correta* reúne a mente para que ela se volte para um foco, concentrada e alerta. O Capítulo 8 fornecerá uma introdução básica a essa forma simples de meditação.

Por favor, não tenha por certo nenhum desses aspectos do caminho óctuplo. Ponha-os à prova. Envolva-os na sua vida e veja por si mesmo se eles conduzem ou não ao despertar. Lembre-se: o buda-dharma versa sobre *ver*, não sobre acreditar.

Estritamente associada ao caminho óctuplo está uma série de diretrizes gerais para a vida chamada de preceitos budistas. Esses preceitos não são regras. Eles às vezes são comparados aos Dez Mandamentos, porque freqüentemente aparecem numa lista de dez. Mas eles não são mandamentos, nem mesmo regras nem normas. Eles simplesmente têm que ver com viver na Realidade imediata, sem aceitar brincadeiras nem fantasias, preferências e aversões. Em vez de prescrever ações ou atividades específicas, esses preceitos nos encorajam a viver pela *visão*, ficando despertos a cada momento.

Se você fosse tentar seguir estritamente uma regra moral, em pouco tempo estaria confuso porque se depararia com uma variedade de contradições e paradoxos. A verdadeira responsabilidade moral consiste em estar desperto a cada momento. Isso necessariamente deixa para trás as regras inflexíveis.

Por exemplo, suponha que você está dando abrigo a uma família de judeus no seu sótão quando dois oficiais da Gestapo aparecem à sua porta.

Eles lhe perguntam sobre o paradeiro da família. Você diz que eles estão no seu sótão?

Nessas circunstâncias, o curso mais sensato e piedoso da ação muito provavelmente será mentir. No entanto, se você se sentisse impelido a seguir uma regra absoluta — "Não mentirás" — então você teria de dizer: "Oh, eles estão lá em cima."

Por outro lado, se você não se vê tolhido por uma regra, você pode dizer à Gestapo que a família foi-se para Ontário para visitar parentes.

Isso não significa que a mentira em geral é o que se deve fazer, é claro. Significa que para ser moral terá de observar a situação real bem como a sua própria inclinação. A moral é o que conduz mais ao despertar. É sobre isso que versam os preceitos.

Se você enquadrar sua circunstância moral numa forma conceitual aplicando algumas formulações rígidas, você imediatamente estará com problemas. Ao *ver* a situação como ela é, você pode agir em função da Realidade, não de alguma formulação mental sobre ela.

Não há nenhuma regra no final das contas, mas apenas a situação e a inclinação da sua própria mente.

Parte Dois

O Modo de Despertar

CAPÍTULO 6

Sabedoria

Buscador: "Ensina-me o caminho para a libertação."
Mestre zen: "Quem te mantém atado?"
Buscador: "Ninguém."
Mestre zen: "Então, por que buscas a libertação?"

Nossa prisão, nosso calabouço, está em nós. Está na nossa mente, no nosso pensamento. Prendemo-nos nas cadeias de nossa própria criação, e fazemos o mesmo uns com os outros. Tornamos nossos filhos afeitos aos grilhões.

Tudo isso baseia-se na ignorância. Não *vemos* o que somos. Não *vemos* a nossa situação pelo que ela é. Tampouco *vemos* como lidar com ela. Como Yang Chu diz, passamos pelas alegrias da vida sem saber que perdemos algo.

Comumente, ao seguir por uma senda, você está indo para algum lugar. Você parte dela, atravessa-a e, se tudo sai como planejado, você chega ao seu destino.

O caminho para libertar a mente não é assim. Esse caminho não começa nem termina. Assim, não é uma senda que leve a algum lugar.

Além disso, no momento em que você põe os pés nele, você já o atravessou inteiramente. Estar nesse caminho é completá-lo. Digo isso literalmente, não simbólica nem metaforicamente.

Mas primeiro você tem de dar um passo nesse caminho.

Essa é a *visão correta*: você deve ter pelo menos um vislumbre de que há algo difícil, oblíquo, doloroso ou perturbado acerca da existência humana.

Se é verdade que existe algo sobre a vida humana que esteja "desligado", o que custaria fazer com que esse algo estivesse, por assim dizer, "ligado"? O que faria a existência humana significativa ou correta? Em outras palavras, o que nós, como seres inteligentes num universo vasto e aparentemente sem sentido, realmente queremos? O que minoraria o vazio e a dor do nosso coração? Dinheiro? Fama? Sexo? Saber? Poder? A vida em alta velocidade? A vida em marcha lenta? Apartamentos de luxo em Paris e Manhattan? Uma casa de campo tranquila ao pé de um córrego?

Talvez agora você possa sentir que nenhuma dessas coisas realizará a magia. De fato, qualquer objeto que peguemos só pode, no melhor dos casos, aplacar temporariamente algum anseio particular. A angústia fundamental do coração continua onipresente e viva.

Aquilo em que você acredita poderia saciar uma sede insaciável? Se ela não é uma sede comum, então por que buscar uma cura comum? Não há utilidade em buscar algo para assimilar, algo que nos preencha. Sabemos que não vai funcionar. Se satisfizermos um desejo, outro lhe tomará o lugar.

Aquilo de que tratamos aqui é um tipo qualitativamente diferente de problema. Assim, vamos fazer uma abordagem diferente. Por ora, não tentemos primeiro identificar tudo aquilo que necessitamos ou queremos.

Em álgebra, nós comumente damos a uma quantidade desconhecida o valor de uma letra tal qual a, b ou y. Podemos usar a mesma abordagem para rotular aquilo que realmente necessitamos e queremos. Vamos chamar isso de *x*. X é A Resposta. É o que realmente queremos e necessitamos, embora não saibamos o que seja.

O que sabemos é que tudo aquilo em que podemos pensar nunca nos satisfaz. Assim, sabemos que estamos procurando algo que não se parece com nada em que possamos pensar, nada que possamos reter como uma posse — mesmo como uma conquista da nossa mente. Talvez, por momentos, algumas vezes, pensemos ou acreditemos que há algo que verdadeiramente vai nos satisfazer. Mas, no momento seguinte, descobrimos que estamos de novo carentes. Mais cedo ou mais tarde, as dúvidas vão se instalar novamente. Por definição, *x* não pode ser assim. Se você compreendesse *x* — tudo aquilo em que ele poderia vir a ser — você nunca quereria de novo.

Mas, diferentemente dos objetos brilhantes que comumente perseguíamos num esforço para nos satisfazer, não podemos buscar o que verdadeiramente precisamos e queremos porque não temos nenhuma idéia do que estamos procurando. Em vez disso, *x* é como um peixe que nada na rede por sua livre vontade. O que podemos fazer — tudo o que podemos fazer — é deitar a rede.

O que realmente precisamos e queremos nunca aparecerá como um objeto para a mente. Não obstante, você já *conhece* a Verdade e a Realidade (o que você verdadeiramente precisa e quer) agora. Ah, se você parasse de dizer a si mesmo o que é, ou de perguntar a si mesmo o que poderia ser, ou especular sobre como poderia ser! Isso se tornaria visível de imediato.

<hr>

Nosso problema é que não prestamos atenção no que verdadeiramente *conhecemos*. Damos nossa atenção ao que pensamos — àquilo de que temos idéias ou em que acreditamos — e descartamos o que realmente *vemos*.

Começando na ignorância, como devemos, não temos uma pista quanto àquilo que estamos procurando. Assim, embarcamos numa longa busca. Podemos procurar a Verdade num livro, ou num credo, ou num ritual, ou em algum objeto sagrado ou lugar. Mas essas coisas nunca satisfazem.

Temos de *ver* isso e aceitá-lo no coração. A única coisa que verdadeiramente satisfaz é *ver* a Realidade — *ver* o que realmente está se passando — em nós mesmos, nos outros e no mundo.

A *visão correta*, o primeiro passo no caminho do buda-dharma, começa não tanto na visão, mas sobretudo na compreensão da natureza do que estamos buscando. Paramos de buscar algo que se forma como um objeto na nossa mente, algo que podemos visualizar "lá" e, então, ir atrás dele, como se a Verdade fosse uma imagem, uma idéia ou uma crença.

A Verdade não é assim. Não é algo em que acreditar ou não. As coisas em que podemos acreditar sempre são menos do que a Verdade, e assim não podem satisfazer.

Normalmente, uma visão do mundo nada mais é do que um conjunto de crenças, um modo de congelar o mundo na nossa mente. Mas isso jamais pode igualar a Realidade, simplesmente porque o mundo não é congelado. Não obstante, seguimos em frente como se a forma pela qual o congelamos na nossa mente fosse de fato a forma dele.

Quando o Buda falava de *visão correta*, ele se referia a uma visão que não é congelada. A *visão correta* é fluida e flexível, em constante movimento. Trata-se de uma consciência de como esse momento veio a ser.

———

A *visão correta* é *ver* a realidade em toda a sua totalidade e fluidez. No entanto, não existe nada em particular para ser *visto*.

No mundo da nossa mente comum, tudo está dividido: esquerda e direita, bom e mau, em cima e embaixo.

Por exemplo, vemos o puma espreitando o cervo e queremos gritar para ajudá-lo a escapar. E quando o puma se lança sobre o cervo, nosso coração pende para o cervo.

Assim, buscamos uma forma de proteger o cervo. Colocamos sininhos no puma para que o cervo saiba quando ele se avizinha. Como resultado, o puma sofre. Posteriormente, morre de fome.

Sem nenhum puma que mantenha o controle da população de cervos, o número destes aumenta. Em pouco tempo, há mais cervos do que o ambiente local pode suportar. O cervo devasta a terra e priva as árvores e arbustos das folhas. Por fim, devido à superpopulação, o cervo também começa a morrer de fome.

Achamos que estamos sentindo compaixão. Mas esta deve ser temperada pela sabedoria. No grau em que não *vemos*, dissipamos a nossa compaixão.

Se você *vir* a Realidade na sua fluidez e totalidade, então você verá o puma e o cervo. *Verá* como os dois se completam como partes do Todo sem fronteiras.

———

Um amigo meu, médico, me falou de seus tempos na faculdade de medicina, quando ele se via sobrecarregado de informações. Ele disse que alguns professores "empacotavam" as informações de modo muito simples. "Aqui está. Isto é o que você precisa saber." Os estudantes de medicina gostavam desses professores, ele disse.

Mas havia outros professores que sempre ofereciam duas ou mais perspectivas (freqüentemente contraditórias) sobre as coisas. Isso os estudantes odiavam. "Isso exigia mais trabalho da nossa parte", disse meu amigo. "Quem quer saber que algumas pessoas pensam assim e outras assado? Era muito mais fácil saber o que é o quê."

Mas, ele disse, à medida que os anos passavam e ele se tornava mais experiente como médico, compreendia que as visões compactas, belamente empacotadas, eram falsas. Os professores tinham aparado as arestas que não se ajustavam ao sistema.

Infelizmente, todos nós fazemos a mesma coisa, muitas vezes, praticamente em todos os aspectos da nossa vida.

Vemos isso muitas vezes nas notícias. Temos as reportagens belamente empacotadas — até mesmo sobre problemas complexos. Dizem-nos quem são os maus, quem são os bons, quem são as vítimas, quem são os carrascos.

Qual é a força motriz que nos faz empacotar tudo? O que queremos, o que precisamos não deve ser confundido. Queremos entender. Queremos *saber*. Empacotar caprichosamente as coisas nos dá a ilusão de que verdadeiramente *sabemos* algo. Assim, por que buscamos a simplicidade do que a TV nos dá "mastigado"? Porque não temos de trabalhar duro. Porque temos medo de enfrentar a Verdade e a Realidade.

Preferimos tudo o que seja apropriado e esteja em ordem — isso é isso, aquilo é aquilo — tudo com um rótulo claro e adequado. Uma vez que organizamos o mundo, sentimo-nos mais à vontade — até que, como o meu amigo, olhamos de novo e dizemos: "Espere um minuto! Há uma terrível confusão. O mundo não faz sentido!"

Assim, inadvertidamente, damos origem ao duhkha.

Temos de ficar mais à vontade quanto a não saber — do mesmo modo como habitualmente julgamos saber. Olhe para a figura abaixo.

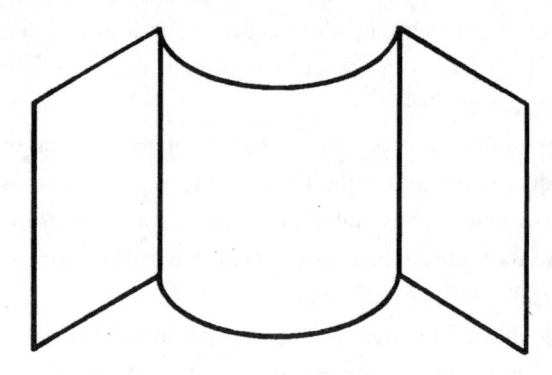

É uma figura côncava ou convexa?

Se dizemos que é côncava, assumimos um ponto de vista. Por isso, deixamos algo de fora — o fato de que a figura também poderia ser considerada convexa.

E se dizemos que a figura é convexa, cometemos exatamente o mesmo erro. Assumimos o ponto de vista oposto, também incompleto.

Do mesmo modo, podemos dizer que ela é as duas coisas — mas, é claro, também não é nenhuma. (Apesar de tudo, não é realmente côncava nem convexa, mas simplesmente um desenho bidimensional.)

Eis como habitualmente lidamos com o mundo. Pela nossa própria tentativa de apreender uma explanação, deixamos as coisas de fora. De modo semelhante, adotar uma visão congelada é deixar de fora uma parte da

Realidade. O que repetidamente deixamos de perceber é que não existe nenhum objeto estático para observar — nem, quanto a isso, um observador estático, claramente definido.

———

O que na verdade prossegue é a fluidez completa. Se pudermos verdadeiramente perceber isso, deixaremos de lado a nossa insistência em rotular, em definir as coisas e acreditar nelas. Teremos certa flexibilidade mental, que não se verá enredada em contradições. Estaremos livres do dogmatismo, da intolerância, da arrogância e da insistência com conseqüências particulares. Vamos ficar familiarizados com a fluidez de todas as coisas. De fato, vamos nos tornar essa própria fluidez da mente. Teremos a capacidade de tolerar a inconceptibilidade.

A *visão correta* não omite nada, não sustenta nada em particular. Em vez disso, aponta diretamente para a experiência real a cada momento. O único modo de nos libertarmos a cada momento é nos transformarmos no que o momento é.

———

Normalmente, mantemos uma visão congelada de nós mesmos, bem como do mundo "exterior". Acreditamos que verdadeiramente somos algo. Nós nos rotulamos: "Sou do tipo nervoso", "Sou tímido e arredio", "Sempre converso com as mãos; é só o meu jeito". Em resumo, nos identificamos com grupos, comportamentos, hábitos e crenças.

Por causa de uma forte identidade familiar, cresci pensando em mim como norueguês. Eu provavelmente estava no curso secundário quando percebi: "Espere um minuto! Eu não sou norueguês! Eu nasci e cresci em Minnesota. Eu não sei falar norueguês. Nunca pus os pés na Noruega. Como posso ser norueguês?"

Hoje em dia, quando as pessoas descobrem que fui ordenado sacerdote budista, elas freqüentemente têm algumas idéias sobre quem devo ser — mesmo quando têm pouco conhecimento do Budismo. Por exemplo: as pessoas freqüentemente supõem que eu seja um vegetariano radical. E, embora eu nunca cozinhe e coma carne em casa, não tenho nenhum problema se me servem carne quando sou convidado. (O Buda comeria carne se lhe servissem. Ele só a recusava se um animal fosse abatido apenas para isso.)

Às vezes as pessoas me dizem "Sou budista, também", e esperam que eu me alegre com isso. Mas, de fato, depois de trinta anos estudando a doutrina do Buda, depois da minha ordenação, depois do treinamento monástico e de outros tipos de treinamento, eu não me considero um budista. Embora eu seja um discípulo e um mestre do buda-dharma, não me identifico com ele. De vez em quando, ocorre algum evento em que me vejo impelido a dar um passo à frente como sacerdote — ou como homem, budista, filho ou amigo. Mas, na maior parte do tempo, não é necessário reconhecer isso.

Quando nos apegamos a uma identidade, é fácil nos magoarmos. Mas nós nos magoamos. Prendemo-nos aos modos rígidos de ver, de pensar, de sentir e de reagir.

Não é preciso que seja assim. O fato é que eu não sou nada em particular. Nem você. Nem ninguém.

Outro tipo de grilhão que colocamos em nós mesmos é o conceito de que "A significa B". Esse é um modo conciso de "empacotar" o mundo. Mas será possível que "isso" signifique verdadeiramente "aquilo"?

Esse congelamento e enquadramento do mundo em pacotes conceituais nos fornece inúmeras explicações, nenhuma das quais pode substituir adequadamente a própria Realidade — e nenhuma das quais pode aplacar a angústia do coração.

O fato é que a Realidade não precisa ser explicada. Na verdade, ela é a única coisa que não precisa de explicação. A Verdade e a Realidade são evidentes por si mesmas. O que explicar no que concerne ao *assim* — no que concerne ao mundo como ele de fato é? O que podemos dizer sobre o *assim* que não nos afaste dele? No momento em que tentamos captar e encapsular a Verdade, temos o paradoxo, a confusão, a controvérsia, a dúvida e o conflito.

Nós cometemos esse erro freqüentemente — e só raramente notamos que o estamos cometendo. Em vez disso, buscamos uma forma sempre mais detalhada, complexa e "precisa" de encapsulamento. Mas para que serve negar a experiência real para estar de acordo com uma idéia?

Não podemos compreender a Realidade com o nosso intelecto. Não a podemos forçar a uma visão estática de alguma coisa. Todas as nossas explicações são necessariamente provisórias. São apenas estruturas rígidas do que é de fato movimento e fluidez. Em outras palavras, se você pode pensar em como é a Realidade, pode estar certo de que isso é justamente o modo como ela não é. A Realidade simplesmente não pode ser posta numa forma conceitual — nem mesmo pela analogia, pois não há nada como isso. A Realidade simplesmente não se enquadra em conceitos.

Não obstante, a Realidade é algo que você pode *ver*. Você não a pode conceber, mas pode perceber.

Por exemplo, se eu apontasse para uma foto sua quando você tinha dois anos e perguntasse: "É você?", o que você diria? Se você olhar com cuidado, *verá* que não pode ter um ponto de apoio conceitual sobre o que eu estou perguntando sem se enredar completamente em contradições. Fiz essa pergunta a centenas de alunos em minhas aulas no decorrer dos anos, e deparei com a resposta mais previsível. A maioria das pessoas dizia sem hesitação: "Sim, sou eu."

Quando eu salientava que elas não eram crianças, a classe normalmente silenciava. Depois de uma pausa, uma voz solitária invariavelmente dizia: "Isso *era* eu."

Mas como você pode mudar (tornar-se outro além de você) e ainda ser você mesmo? A que o pronome "eu" supostamente se refere? Por mais que tentemos, não encontraremos nada funcional nem definível na experiência real a que esse "eu" se refere.

Trata-se simplesmente do fato de que, quando colocamos algo num "pacote" conceitual, chegamos a uma contradição. Não obstante, sempre podemos *ver* o que está se passando. Enquanto não fazemos a pergunta, está perfeitamente claro: o que existe nesse momento é a imagem de uma criança, e uma pessoa crescida ponderando como *aquilo* poderia ser *isto*.

Habitualmente, deixamos de perceber que, nos apegando a um conceito — nesse caso, o de "eu" — a Realidade imediata escapa ao nosso alcance. Sempre que conceitualizamos, criamos contradições de que não podemos escapar. Não que a Realidade seja contraditória; só que ela não se enquadra numa estrutura conceitual.

As idéias, é claro, não são o único tipo de objetos conceituais. Um conceito é algo como uma película que os envolve, algum tipo de limite que separa algo de algo mais. Mesmo o que pensamos como objetos físicos são na verdade conceitos. Por exemplo, você está olhando o que chama de livro. Você pode pensar nele como um livro porque você o concebe como algo separado de outras coisas. Porém, na realidade, ele está intimamente ligado a tudo o mais no universo.

Thich Nhat Hanh, o grande mestre zen vietnamita, nos lembraria de que este livro não é simplesmente este livro; ele é também o Sol. Se não fosse pelo Sol, as árvores não cresceriam para produzir o papel. E não podemos esquecer Ts'ai Lun, que inventou o papel no século II; nem de Johann Gutenberg, que descobriu um modo de aplicar o tipo móvel a uma prensa no século XV; nem o grupo de pessoas que inventou e programou o meu computador; nem as pessoas que ensinaram os seus mestres.

Combinadas com as árvores e o Sol e a mente humana criativa estão outras coisas. Não podemos ignorar a linguagem, o tempo, o solo, as plantas, os animais, as emoções, nem os pensamentos. Não podemos esquecer a chuva, nem mesmo as estrelas, nem as galáxias de estrelas. Na verdade, não há nada a que possamos apontar, nem mesmo imaginar, que não encontre o seu caminho até este livro, quer pelo pensamento quer pela matéria.

Assim, o que é isso a que chamamos "livro"?

Em uma famosa história zen, o Imperador Wu da China perguntou ao mestre budista Bodhidharma: "Quem é o senhor?"

Bodhidharma respondeu: "Sou o não-conhecimento."

Não há nenhuma identidade nisso. Bodhidharma *vê* a Realidade, não uma coisa com um nome. Em outras palavras, a *visão correta* não está nos olhos do observador. Não existe nenhum observador de *visão correta*.

A *intenção correta*, o segundo aspecto do caminho óctuplo, é o que mais distingue um buda daqueles dentre nós que não estão despertos. Por quê? Porque no momento em que estamos despertos, para todos os efeitos, não temos intenção. Poderíamos dizer que a intenção de uma pessoa desperta é simplesmente estar desperta.

Se quisermos romper com a cadeia do sofrimento e da confusão, nossa intenção deverá ser apenas despertar. Se a nossa intenção for em parte conseguir algo por se estar desperto, isso já será ilusão. Não ganhamos nada por estarmos despertos. Se você está desperto, só está desperto. E se está desperto, agirá e falará de um modo que não causará danos a você nem aos outros.

É claro, no momento seguinte temos de despertar novamente. Temos de continuar a voltar a *este* momento.

Assim, a *intenção correta* é simplesmente a intenção de voltar a este momento — estar simplesmente presente sem idéias quanto a adquirir algo. Você não pode estar *aqui* e ao mesmo tempo pensar em ganhar algo. Basta apenas tornar-se *aqui* e *agora*.

Há uma história zen acerca de um homem que se sentou em meditação para se tornar um buda — esta não era uma intenção incomum entre os discípulos do Zen. Seu mestre aproximou-se e perguntou: "O que está fazendo?"

O discípulo respondeu: "Estou meditando para me tornar um buda."

O mestre pegou um azulejo e começou a poli-lo.

"O que está fazendo?", perguntou o discípulo.

"Quero polir este azulejo até transformá-lo num espelho."

"Por mais que faça isso, o azulejo jamais será um espelho."

"Por mais que medite, isso não fará de você um buda."

Não podemos abordar a meditação como se fosse um meio para algo. Na verdade, podemos dizer que a meditação não é mais do que a intenção de despertar.

É importante que tenhamos um horário para a meditação, mas não deveríamos pensar que meditamos só porque chegamos a um lugar particular em que a meditação é praticada e onde se espera que um sino toque para que ela se inicie. Não é como se estivéssemos meditando, o sino tocasse de novo e termiNássemos a meditação. A meditação não é assim. Ela não começa nem termina. Pelo menos, não com um sino.

A meditação começa e termina com a sua intenção. Se você perde de vista a intenção de estar desperto, não está mais em meditação. Se quer meditar, então você deve fazer a sua meditação agora. A meditação envolve simplesmente estar aqui, *agora*. Se você quiser meditar, medite agora — mesmo que esteja lendo este livro.

Se a sua intenção for apenas estar desperto, mas se você não souber o que é estar desperto, o que fará? Você não pode criar nenhuma idéia sobre iluminação e, depois, partir atrás dela para adquiri-la. Despertar não é assim. Se você quiser estar desperto, terá de despertar *agora*. Detenha-se *neste* momento. Esteja consciente do que está se passando. Consciente da sua intenção, bem *agora*. Se quiser estar *neste* momento, então esteja desperto *neste* momento. Isso é tudo. É muito simples.

Se você tem idéias sobre isso — sobre o que é, sobre o que você vai ganhar com isso — essas idéias já são ilusão. Concepção. Coisas comuns, cotidianas. O negócio de sempre. A *intenção correta* é quase a falta de intenção. Você não pretende usar a *intenção correta* para algo mais. Na verdade, é impossível fazer isso. A única razão para se estar desperto é estar desperto.

Se você não está esperando conseguir nada por estar desperto, que razão tem para despertar? Não há nenhuma razão. Você já sabe o que é não estar desperto. É confusão. Sofrimento. Dor. Duhkha. Se você está se cansando disso, por que não pára?

"Não seria essa vontade de conseguir alguma coisa?", perguntamos. Bem, se abordarmos isso dessa forma, então não teremos parado, teremos? Somos como o sujeito que vai ao médico daquela velha piada. Ele leva às costas a mão direita a fim de tocar o cotovelo esquerdo e diz: "Doutor, dói quando eu faço isso." O médico olha para ele e responde: "Então não faça isso." Nunca exigem de nós que façamos o que dói. Só fazemos o que dói por ignorância e hábito. Depois que *vemos* o que estamos fazendo, podemos parar.

A *intenção correta* simplesmente significa que a sua mente não está inclinada. Sua mente comum admite que há algo "exterior". Ou você o quer e tenta consegui-lo, ou não gosta disso e tenta mantê-lo à distância. Na medida em que sua mente se inclina para certas coisas ou para longe delas, o desejo e a repugnância estão presentes. Essa inclinação revela o seu estado mental.

A mente não apenas se inclina para o óbvio — a fama, o dinheiro, o sexo, e coisas assim — ela pode se inclinar para qualquer coisa. Pode até se inclinar quanto a pôr um fim à inclinação. "Oh, sim, eu quero a iluminação!" Mas, é claro, isso é inclinar-se de novo.

A coisa que você realmente quer é que a sua mente não se incline. Assim, o que fará sobre isso? Você pode dizer: "Está certo, vou corrigir a minha mente!" E então você luta para corrigi-la.

Mas isso é inclinação!

A mente não será manobrada. Se você tentar fazer com que se incline menos, ela se inclinará mais. Assim, como faremos com que a nossa mente pare de se inclinar? Atente apenas para o que está fazendo. Porque ao prestar atenção a este momento, você está prestando atenção a sua própria mente. Você está observando a sua mente se inclinar. *Veja* como essa inclinação acontece. Quando você se familiariza com o que a inclinação realmente é, você compreende que, ao tentar detê-la, você a está inclinando ainda mais. Não obstante, à medida que você observa o que acontece verdadeiramente a cada momento, sua mente já começou a se inclinar menos.

Você não pode fazer com que a sua mente não se incline — pelo menos, não diretamente. Mas quando você observa o que realmente acontece de momento a momento, a mente, por si mesma, se corrige.

CAPÍTULO 7

Moralidade

Samuel Johnson disse que muitas vezes precisamos ser mais lembrados do que instruídos. As palavras de Buda sobre a prática da *fala correta* — o terceiro aspecto do caminho óctuplo — serve como um lembrete do que já sabemos.

Eles falam a verdade, são dedicados a ela, são confiáveis, dignos de confiança. ... Eles nunca enganam conscientemente os outros para tirar vantagem. ... O que eles ouviram aqui, não repetem ali para causar separação ali. ... Assim, eles unem os que estão divididos, e aos que estão unidos estimulam. A concordância os satisfaz; eles se aprazem e regozijam no acordo; e é esse acordo que espalham com suas palavras. Eles evitam a linguagem áspera e falam palavras tais como as que são boas de ouvir, amáveis, que vão ao coração, corteses e caras, e agradáveis a muitos. Eles evitam a conversa vã e falam no momento certo, de acordo com os fatos; falam o que é útil, falam sobre *sabedoria correta* e *prática correta*; a sua fala é como um tesouro, no momento certo acompanhada por argumentos, moderada e cheia de sentido.

De fato, muito do buda-dharma é assim. Ele surpreende com forte familiaridade. Não obstante, a maioria de nós precisa ser lembrada do que já *sabe*.

Qual é a importância da *fala correta*? É nos lembrar, para constantemente nos reportarmos a este momento — não apenas para nós, mas também para os outros. É fazer tudo o que nos tira da confusão e da escravidão. É *ver* o que de fato está acontecendo.

O Buda não estabeleceu nenhum mandamento. Se dizemos: "Não mentirás" — usando isso como uma regra, o que devemos fazer quando a Gestapo bate à nossa porta e estamos abrigando uma família de fugitivos inocentes no sótão? Se não mentir fosse uma regra absoluta pela qual viver, estaríamos num profundo conflito moral.

Não obstante, não é verdade que os budas simplesmente vivem segundo suas verdades individuais. O buda-dharma não versa sobre a verdade do Buda, nem sobre a sua verdade, nem sobre a minha verdade, nem sobre a verdade de outra pessoa. O buda-dharma — o que os despertos ensinam — versa sobre *ver* diretamente a Verdade, antes de formar qualquer idéia sobre ela. Versa sobre reagir a qualquer situação particular à medida que ela passa a existir, não de acordo com algum programa envolvendo coisas a fazer e a não fazer. Nós não podemos usar uma regra inflexível para lidar com os dilemas, as incertezas e as ambigüidades da vida. Uma regra — qualquer regra — só abriria a porta para o relativismo e a contradição.

Não obstante, podemos *ver* o que é moralmente apropriado em cada situação. Podemos facilmente *ver* que ações e palavras nos levarão, e aos outros, para o ódio, a confusão, a dificuldade e o sofrimento. E podemos *ver* que palavras e ações não levarão. Tudo tem a ver com a nossa intenção. É nossa intenção enganar, induzir, adular os outros — ou é estar desperto?

Eis o foco para *fala correta*. Em qualquer determinado momento, nossos olhos devem ser abertos para *ver* a nossa situação completamente pelo que ela é. Nossa intenção — e a ação, a fala e o pensamento que surgem dessa intenção — é que todos fiquemos livres da nossa confusão. Para isso, não é necessário que vejamos uma coisa em oposição a outra.

A *fala correta* não omite nada. Ela inclui todo o quadro: a Gestapo, a família fugitiva, você mesmo e o mundo em que vive.

A *fala correta* não conta com julgamentos nem com pensamentos de discriminação. Ao julgar, pesamos tudo. Baseamos a nossa fala em alguma estrutura conceitual que organizamos para nos acomodar e processar idéias — como, por exemplo, a idéia de que a Gestapo é inerentemente má e as pessoas no sótão são inerentemente boas. Esse é precisamente o pensamento que nos causa problema em primeiro lugar. Na verdade, é o próprio pensamento que produz a Gestapo e os fugitivos.

Em vez disso, temos simplesmente de *ver* a situação em toda a sua dor, conflito, dificuldade e contradição, e *vemos* como é que nos tornamos tão confusos. Então, e só então, podemos falar e agir de um modo que leve ao despertar.

Devemos também observar a nossa própria intenção para que possamos *saber* quando estamos falando ou agindo por uma inclinação da mente, por um desejo de alcançar algum fim particular. A *fala correta* diz respeito à sua intenção. Você está usando a fala porque está tentando manipular o mundo e outras pessoas? Ou está falando a fim de se ajudar, e aos outros, a despertar?

Quando você se torna um ouvinte, a preocupação permanece a mesma: estar desperto. Mas como você faz isso como ouvinte? Consideremos esta informação do Buda sobre a *fala correta* novamente:

O que eles ouviram aqui, não repetem ali para causar separação ali. ... Assim, eles unem os que estão divididos, e aos que estão unidos estimulam. A concordância os satisfaz; eles se aprazem e regozijam no acordo; e é esse acordo que espalham com suas palavras.

Agora, imagine que você é o ouvinte. Pat fala a você algo sobre Jolene. O que você *apenas ouve* como ouvinte? Do que você verdadeiramente está consciente, em oposição àquilo em que você pensa ou acredita ou decide? Que informações você recebeu na verdade?

Você recebeu informações sobre Pat — não sobre Jolene.

Tendemos a não observar isto, contudo. Podemos seguir acreditando que temos informações concretas sobre Jolene. Mas não. Tudo o que temos são as palavras de Pat sobre ela.

Por outro lado, recebemos informações muito diretas sobre Pat, porque ouvimos suas palavras e entonações, vimos seus gestos, sua postura e suas expressões.

Temos de prestar atenção à nossa verdadeira circunstância — a situação em que verdadeiramente estamos. E o que realmente nos foi dado é Pat.

Um buda reconhece que qualquer coisa colocada na fala nunca é completamente confiável. Tudo o que alguém lhe diz sobre outra pessoa se desvia desde o começo. Passa pelo filtro dele, por suas preferências e aversões, educação, ambição e inclinações da sua mente.

Talvez você nem tenha encontrado Jolene. Se você for sensato, guardará os julgamentos sobre ela porque, no melhor dos casos, tudo o que você realmente sabe sobre Jolene é o que Pat pensa dela. Porém, se você não for sensato, aceitará as palavras de Pat como realidade e adotará a visão dele, e as inclinações da mente dele como suas. Então, quando você finalmente encontrar Jolene, levará a esse encontro uma visão preconceituosa — uma visão que nem sequer é sua.

Fritz Pfeffer, o dentista que se escondeu dos nazistas junto com Anne Frank e sua família, é visto numa luz negativa pelas massas de pessoas, simplesmente porque tudo o que a maioria de nós ouviu falar dele vem das palavras de uma jovem sem experiência — embora brilhante e cheia de imaginação — Anne Frank. Temos um outro retrato de Miep Gies que abrigou os Frank e salvou o diário de Anne. Ela chamava Pfeffer de um "homem adorável, adorável".

No filme de Kurosawa, *Rashomon*, são-nos contadas diversas versões da mesma história por vários personagens. Primeiro vemos o acontecimento pelos olhos de um lenhador, e pensamos que sabemos o que aconteceu. Mas à proporção que a história se desenrola, deparamos cada uma das personagens remanescentes, e cada uma conta a sua versão do que aconteceu. E cada personagem conta uma história diferente. Uma das coisas que aflora nesse filme é o modo como facilmente nos deixamos levar pela primeira história que ouvimos.

Essa é a situação que deparamos na vida. Quando criancinhas, aceitamos prontamente a primeira história que nos contam em casa, na escola ou na igreja. Contam-nos histórias de nacionalismo, religião, racismo, política e família. Com muita freqüência as aceitamos antes de aprender a pesá-las em comparação com outros pontos de vista. E muito freqüentemente somos inclinados a aceitar esses (ou outros) pontos de vista congelados em vez de *ver* cada situação pelo que ela é.

Assim, a *fala correta* também envolve a *audição correta* — o que significa observar as coisas do modo como são, em vez de aceitar alguma história previamente empacotada, fácil de engolir.

—◆—

Quando falamos sobre os outros, devemos ter muito cuidado para observar os nossos motivos — especialmente se estamos falando sobre uma pessoa que não está presente. Estamos tentando nocautear a pessoa e nos manter de pé? Ou estamos tentando adular a outra pessoa? De qualquer modo, não estamos falando de um modo conducente ao despertar, porque estamos seguindo as inclinações da nossa mente em vez daquilo que *vemos*.

Além disso, quando falamos sobre pessoas baseados no que pensamos, no que sentimos ou esperamos, em vez de no que observamos e experimentamos, privamo-los de sua humanidade. Substituímos o que eles são, em toda a sua vitalidade fluida, pelas nossas idéias cristalizadas, opiniões e crenças.

Em resumo, quando não atentamos para o que *vemos* ou *conhecemos*, mas seguimos com o que imaginamos, criamos problemas.

De muitas formas, quando colocamos as pessoas num pedestal com nossas palavras, criamos um problema maior do que quando as rebaixamos. Sempre que tornamos alguém — um pastor, um professor, um atleta, um gênio, nossos antepassados, o Buda — maior do que a vida, é fácil para você e para quem o escuta esquecer que a pessoa de quem você está falando é um ser humano. E, com o passar do tempo, a pessoa só se tornará maior até que, como Paul Bunyan, se torne um gigante.

Tendemos a agigantar as pessoas que admiramos. Mas isso é muito perigoso — particularmente se o seu herói é um mestre do buda-dharma. Você esquecerá que é feito do mesmo estofo dele. Esquecerá que, como ele, está completamente equipado para *ver* a Verdade aqui, agora.

Se você continua a colocar uma pessoa iluminada (ou, mais precisamente, o seu conceito de "uma pessoa iluminada") num pedestal, você perde o parâmetro crítico e acaba confuso. Enquanto você pensar que a iluminação é algo especial, você não despertará.

Uma das coisas que o meu mestre zen me ensinou foi (como ele disse): "Trabalho decisivo do mestre: livrar o discípulo do mestre."

Como, então, você vai deixar que os mestres terminem o trabalho deles se você continua a superestimá-los? Você transformará os seus mestres em algo grandioso e vão. Se você reverenciar um mestre, só precisará aprender com esse mestre, aprender a pôr à prova respeitosamente seus ensinamentos em comparação com a sua experiência, e viver com gratidão no coração.

———

Lembro-me de ouvir um sujeito falando sobre os médicos nazistas no rádio. Ele descreveu essas pessoas como monstros, subumanos. É verdade, é claro que nós seres humanos fizemos coisas monstruosas. Mas nenhum de nós é outra coisa além de humano. Na verdade, por sermos humanos é que somos capazes dessas ações monstruosas. Se não compreendemos isso — que todo assassino sádico é humano, como nós — então desprezamos o fato de que temos a capacidade de agir como ele.

Temos de compreender o que somos. A esfera do que é humano é imensa, variando do santo ao monstruoso. Quando falamos de outros seres humanos como não pertencendo à nossa espécie, ignoramos a realidade da nossa própria natureza.

———

Meu mestre zen costumava dizer: "A fala mansa nem sempre é mansa." Em geral, é claro, uma palavra gentil ou elogio leva com mais facilidade à serenidade, à boa vontade e à vigilância. Mas, da mesma maneira que você não se recusaria a vacinar o seu filho porque o procedimento é doloroso, de vez em quando há aquele momento passageiro em que a coisa mais gentil que você pode fazer por outra pessoa é dizer uma palavra dura ou fazer uma observação severa que podem magoar momentaneamente. Uma criança que está prestes a correr para uma rua movimentada pode precisar ouvir umas palavras severas para que pare.

Antes de você falar, você deve examinar a sua própria mente e os seus motivos. Se você está tentando derrubar alguém, ou se está prestes a falar com malícia ou rancor, então não diga nada. Mas se nesse momento você deve dizer a alguém: "Estou triste pelo modo como você tratou Jim esta manhã. Acho que você lhe deve uma desculpa" — então diga. Ou talvez pelo bem da saúde, sanidade e bem-estar de um amigo, você precise dizer, "Acho que você tem um problema com o álcool. Se você continuar a beber como faz agora, realizará poucas coisas mais. E fará a sua família sofrer." Isso poderia magoar. Poderia parecer muito pungente nesse momento, do lado de fora. Mas isso não significa necessariamente que não seja gentil. Isso depende do seu motivo. Esteja certo de observar primeiro a sua própria mente. É impossível especificar uma reação apropriada com antecedência. Cada situação deve ser tratada levando em conta cada caso.

Se você despertasse, a questão não seria tanto estar envolvido com as palavras reais que você fala, nem mesmo com o seu tom. Em vez disso, esteja envolvido com observar o seu coração e a sua mente. Então fale com a consciência do que você observar — no seu coração, mente e situação. As palavras que você seleciona, e o tom delas, se seguirão adequadamente. E você estará falando e ouvindo com sabedoria e compaixão.

Se você tentar falar da Verdade ou da Realidade, não poderá dizer o que elas são, porque isso não se enquadrará em palavras nem em conceitos. Eis por que nos frustramos tanto com a iluminação. Não podemos pôr o dedo nela. Não podemos tê-la nas nossas mãos.

Estamos acostumados a ter um apoio conceitual nas coisas. (E quando não temos, às vezes as abandonamos.) Mas a Verdade não entra em conceitos. Não podemos retê-la como uma idéia. Literalmente, não podemos falar a Verdade.

Quando *vemos* a Realidade, estamos completamente além do domínio das palavras e dos conceitos. Sentimos o que as palavras não podem expressar, o que as idéias não podem conter, o que a fala não pode comunicar.

De certo modo, não há nada para dizer.

Imagine uma macieira no fim do outono. A maioria das folhas caiu. Só algumas folhas permanecem presas à árvore.

Você está sentado num parque. É um belo dia — quente para essa época do ano. O céu é de um azul profundo e brilhante. Contra o céu, próximo do topo de uma árvore, você vê uma única folha. Ela é de um vermelho-alaranjado muito luminoso. Enquanto você está olhando para ela, a folha se agita e começa a cair. Ela tomba, pairando pelo ar. Você vira um pouco a cabeça para segui-la. Ela voga lentamente, e então chega ao chão num lugar em que muitas outras folhas caíram antes.

Você olha para o desenho das folhas no chão. Observa como, perto da árvore, há mais folhas e como, mais adiante, há menos folhas. Enquanto seus olhos passeiam pela grama até a árvore seguinte, você acha mais folhas no chão.

Você ergue o olhar um pouco e olha pelo gramado. Você vê lugares onde há mais folhas e lugares onde há menos folhas. Porém, para onde quer que você olhe, há sempre belos padrões de cor variada.

Quem ou o que pode criar esses padrões?

Ryokan, um poeta zen japonês do final do século XVIII e do começo do século XIX, escreveu este poema simples:

> *A folha de bordo*
> *Caindo*
> *Mostrando a parte da frente*
> *Mostrando a parte de trás*

A ação da folha de bordo caindo, mostrando a parte da frente, mostrando a parte de trás — o modo como cai da árvore, quando cai da árvore, onde ela pára no chão — tudo isso exemplifica a *ação correta*. Como esse tipo de ação é diferente dos tipos de ação voluntária e orientada para uma meta com que estamos tão familiarizados!

Imagine uma folha de bordo que diz no solstício de verão: "Estou saindo. Estou deixando esta árvore." E lá vai ela, tombando enquanto ainda é verde. Ou imagine a folha que não quer cair. Ela pende durante todo o inverno, sem querer se mover nem mudar, até que o botão do ano seguinte deite um broto. Então temos a folha que não quer ser "apenas uma folha ao vento". Quando ela cai do ramo, ela se enrola e assume a forma de uma bala de canhão no chão.

Que tipo de desenho essas folhas criarão no chão? Será um desenho bem diferente do descrito por Ryokan.

As folhas, é claro, não têm motivos. Nós, seres humanos, contudo, agimos dessas três formas numa base regular. Ao tentar exercer controle sobre as pessoas, sobre as coisas e os eventos, insistimos obstinadamente ou fazemos o que nos agrada.

A ação da folha de bordo vogando lentamente ao vento de Ryokan — natural, involuntária — demonstra a *ação correta*. A ação das outras folhas, que exemplifiquei de um modo tolo, é voluntária. Esses dois tipos de ação levam a resultados bem diferentes.

❧

Normalmente, a discussão sobre moralidade nunca se afasta muito das regras e regulamentos do "tu-farás e do tu-não-farás". Lembra-se dos preceitos budistas do Capítulo 5? Mesmo esses são às vezes ensinados e aprendidos como regras. Mas não é sobre regras e regulamentos que versa o buda-dharma. As regras e os regulamentos apenas são convenientes quando não *vemos*. A questão dos preceitos é *ver*, viver conforme a Realidade, não seguir as regras cegamente. Se você *vê*, você não precisa de regras. De fato, as regras se tornam um obstáculo. Elas cerceiam a nossa liberdade de pensamento natural. Ao *ver*, as suas ações se tornam como folhas que caem no ponto natural do gramado.

Em *Zen Mind, Beginner's Mind*, o mestre zen Shunryu Suzuki ressaltou que, se tentamos colocar pontos no papel numa "desordem artística", essa desordem não virá tão facilmente quanto poderíamos pensar. Quando você põe um ponto atrás do outro na página, você quer que eles entrem na página como folhas que caem na grama. Mas logo fica difícil formar um desenho verdadeiramente aleatório. Por quê? Isso tem a ver com a diferença entre *ação correta* e regras, preceitos e mandamentos. Tendemos a enquadrar nossa mente em formas rígidas da vontade. Involuntariamente seguimos regras ocultas e aceitas que se manifestam em padrões habituais do pensamento e do comportamento. Essas ações não nascem da *visão* do Todo. E essa *visão*, esse pensamento e movimento livres, é aquilo que precisamos para organizar os pontos de acordo com um padrão verdadeiramente aleatório.

Em vez disso, tendemos a ser mais como a folha que decide enrolar-se e cair da árvore como uma bala de canhão. Preferiríamos cantar: "Farei do meu jeito" — acreditando que essa seja uma expressão da liberdade.

Agimos de maneira inteiramente retrógrada.

Podemos replicar dizendo: "O que eu deveria ser? Só uma folha ao vento? Isso não é tão bom!" Mas a questão é, isso é só o que você é. De fato, você é indistinguível do próprio vento.

No entanto, nós resistimos. Não permitimos a nós mesmos cair no ponto natural, nem nos tornarmos o padrão natural. Em vez disso, tentamos controlar a situação. O resultado dessas tentativas é duhkha — anseio, carência, cobiça, e o sofrimento pela confusão.

Quando imaginamos que somos determinada coisa com um nome, nós nos vemos como veríamos uma rolha numa correnteza. O que nós não compreendemos é que só existe a correnteza. O que imaginamos como particular é, desde o início, só movimento, mudança e fluxo.

O reconhecimento disso como nossa experiência real é a total liberação de duhkha.

A *visão* sozinha nos transporta a níveis superiores de desenvolvimento moral. Por meio da *visão*, aos poucos, não precisamos mais viver meramente segundo as regras. Na verdade, para amadurecermos de todo moralmente como seres humanos, precisamos aprender a operar num lugar em que as regras muitas vezes serão insuficientes.

O santo simplesmente vive da *visão*. Alguns budistas chamam essa pessoa de bodhisattva. Quando encontramos uma pessoa assim, às vezes ficamos assombrados. Vemos o que elas fazem, e então começamos a tomar nota de regras que parecem descrever isso. É como se devêssemos não mentir, não roubar, não matar, e assim por diante.

Sim, as pessoas santificadas não mentem, já observamos. Mas por que elas não mentem? Seria porque pensam que isso contraria as regras? Porque pensam que é ruim? Porque temem um castigo? Porque não querem parecer más aos olhos dos outros? Não realmente. Em vez disso, elas evitam mentir, roubar e matar porque *vêem* as repercussões naturais desse comportamento. *Vêem* que ele leva à confusão, ao sofrimento — a duhkha. Eles não fazem isso porque *vêem* Toda a cena.

Geralmente chegamos à questão da *ação correta* como chegamos a quase tudo ... Queremos ter a resposta certa, algo que possamos encapsular num *slogan* conveniente. Mas, por mais que tentemos, embora ela possa ser *vista*, a moralidade desafia qualquer tentativa que façamos para utilizá-la.

Por exemplo, consideremos o que muita gente pensa como a melhor de todas as leis morais, a regra de ouro: "Faça aos outros o que você quer que eles lhe façam." Essa regra aparece virtualmente em todas as sociedades. Se houvesse uma regra universal por que viver, seria essa. De fato, contudo, ela é profundamente falha. Podemos *ver* isso sem muita dificuldade. Na verdade, você talvez já tenha *visto* por si mesmo.

Suponha que eu seja um sujeito rude e perverso que gosta muito de entrar em brigas de soco. Eu sempre obedeço à regra de ouro, porque só faço aos outros o que gostaria que me fizessem. Assim, aonde quer que eu vá, sempre entro em brigas.

Obviamente, há um problema aqui. É por causa dessa falha que os filósofos da moral tentaram reformular a regra de ouro para que funcionasse em todos os casos. Uma reformulação popular foi o que é chamado de a inversão da regra de ouro. Essa diz: "Faça aos outros o que eles o fariam fazer para eles."

Mas isso ainda é problemático. Se a pessoa com quem você está lidando fosse uma criança que se senta à mesa de jantar gritando: "Eu não quero comer minhas ervilhas, quero comer doce!" — você seria obrigado a dar de comer à criança o doce em vez de uma refeição nutritiva. Obviamente, sua obrigação moral para com a criança não pode ser ditada apenas pelo que ela exige ou quer. É preciso que haja algo mais importante do que isso. Mas o quê?

Parece que não podemos viver satisfatoriamente sem moralidade; no entanto, parece igualmente verdadeiro que não temos bases claras para isso. Como W. Macneile Dixon afirmou:

> Provavelmente, em torno de nenhum tema já discutido de um canto a outro do globo houve um tumulto de palavras mais feroz do que em torno deste — os fundamentos da moralidade. "Por que deveria eu pedir a Deus que me fizesse boa quando eu quero ser malcomportada?", perguntou a menininha. Todos os sábios do mundo se calaram ante essa pergunta infantil. Uma comissão de filósofos não a responderia. Quando buscamos uma resposta, nós ... nos perdemos.

Não se requer aqui uma regra, mas a *visão*. O bodhisattva vive pela *visão*, não pela regra. O que se requer é que se *veja* o Todo. Por meio da *visão*, é possível reformular a regra de ouro sem criar problemas como os descritos acima. Evidentemente, nessa reformulação, não é mais uma regra — uma diretriz congelada — de modo algum.

Ocorre, contudo, que a maneira como os despertos tratariam disso é uma das formulações que a filosofia ocidental rejeitou: "Não faça aos outros o que você não faria a si mesmo."

A razão pela qual essa formulação em geral foi desprezada na filosofia ocidental é que a formulação positiva, supostamente, é mais ... bem, positiva. Enquanto a formulação positiva nos teria feito sair de lá e fazer algo, a formulação negativa parece passiva.

No entanto, essa resposta habitual despreza o fato de que a formulação positiva sempre nos apresenta problemas difíceis de resolver, problemas que simplesmente não acontecem com a formulação negativa. Por quê? Qual a diferença? Ela tem que ver com a vontade, com o motivo, com a intenção. Todas essas coisas estão profundamente enredadas na formulação positiva. Esta lhe diz o que você deveria fazer. A formulação negativa não é prescritiva.

Esse é o x do problema. Não pode haver nenhuma autoridade moral final que lhe diga o que fazer, pois nenhuma autoridade assim pode estar fora da sua própria vontade. Em outras palavras, para que você seja um agente moral, você tem de ter a autoridade final. E, na verdade, você a tem. É precisamente porque temos essa autoridade que precisamos levar em consideração nossas ações voluntárias. É a ação voluntária que nos liga a duhkha, ao sofrimento e à confusão.

A formulação negativa da regra de ouro não é uma regra, exatamente, mas mais um preceito. Ela não nos envolve em dúvidas não passíveis de serem resolvidas porque não estimulam a volição. Com a formulação negativa, só a nossa intenção determinada de sermos despertos é ativada. As ações são iniciadas pela *visão*, não por fórmulas.

O fato é que não podemos ter uma regra afirmando o que devemos fazer, nem como devemos fazê-lo. No momento em que afirmamos positivamente uma coisa assim temos precisamente o que não teríamos — uma moralidade estreita, frágil, pré-fabricada, inflexível. E uma vez mais abrimos uma porta que nos deixa abandonar a Realidade imediata em favor de nossas crenças e idéias *sobre* a Realidade. Sem referência a qualquer regra, como o bodhisattva, nós já *vemos* a causa da tristeza. Quanto ao que deveríamos fazer, isso só se torna visível pela *visão*. Sempre depende do caso. Não há nenhuma regra para isso.

Eis a base para a *ação correta*: abster-se de tudo o que divide e provoca controvérsias, para fazer o que promove a harmonia e a união. Em resumo, trata-se de agir a partir da *visão* do Todo. Trata-se de viver como uma folha que cai — como o próprio curso do vento.

Isso não é uma prescrição da mente. Não é um estado da mente que diz: "Eu tenho que fazer o bem." Essa abordagem simplesmente não funciona.

Nossa tendência é pensar no bem como algo oposto ao mal. Mas isso é só a idéia que temos do bem. É um "bem" cristalizado que gera arrogância e hostilidade. Agir de um modo verdadeiramente bom é radicalmente diferente do modo comum de agir. É agir com uma mente que não é nem programada, nem bloqueada, nem perturbada. É agir de um modo que remeta ao Todo. Como uma folha que cai.

Um outro modo de entender a *ação correta* é pensar nela como uma ação abnegada, uma ação feita enquanto se está livre de sentimento do eu. A ação na qual você não se vê como separado de outras coisas.

Isso não significa dizer que a própria consciência fechou os olhos e que nada está acontecendo. A percepção ainda está lá, é claro. Há ainda a sensação física, incluindo sofrimento e prazer. Só que "você" não está lá. E sem o sentimento do eu, "suas" ações naturalmente se tornam espontâneas e livres.

Isso ocorre quando sua vontade se voltou para um único ponto. Sua única intenção é estar desperto, é estar presente. Suas ações são apropriadas e livres, como uma folha caindo naturalmente da árvore.

Essa é a total liberdade da mente.

Quando insistimos em pender do nosso ramo, na nossa ignorância pensamos que isso é liberdade. "Posso fazer o que quiser e, se sentir que vou cair no solstício de verão, cairei. E se eu quiser lançar-me como uma bala de canhão, isso será problema meu." Não *vemos* que o que estamos chamando de liberdade é, na verdade, servidão.

Quando agimos desse modo, ficamos prisioneiros de nossos próprios caprichos e desejos. Em conseqüência disso, somos incapazes de agir a partir da *visão* da nossa situação pelo que ela é, momento após momento. Só somos capazes de agir de acordo com a nossa cobiça.

Pensamos que a liberdade está em fazer escolhas baseadas nos nossos desejos. Mas quando *vemos* nossas circunstâncias, vemos muito mais do que apenas os nossos desejos. Vemos como a situação atual veio a ser.

A verdadeira liberdade não está em ter escolhas. Nunca temos outra escolha além de agir. Mesmo que optemos por não agir, ainda estamos agindo — e ainda fazendo uma escolha.

Nossa única escolha da conseqüência está no fato de estarmos ou não despertos.

O *modo de vida correto*, o quinto aspecto do caminho óctuplo, envolve ganhar a vida de um modo que não cause dano a si próprio nem aos outros.

Há alguns modos de ganhar a vida que podem ser claramente identificados como não conducentes ao despertar — traficar drogas ou armas ou escravos, propaganda escrita para governos repressivos, e assim por diante. E há muitas formas de ganhar a vida que não parecem claramente morais nem imorais.

Assim, o que é o *modo de vida correto* quando vivemos nessa rede social e econômica? É difícil achar um modo de vida que não cause nenhum dano a ninguém, já que tudo o que podemos fazer está profundamente ligado a tudo o mais.

E quanto a uma profissão como a de advogado? Certamente, como tal, você pode às vezes ter a oportunidade de fazer algo benéfico, tal como defender um ser humano inocente ou desafiar uma lei desarrazoada e repressiva. Mas você também pode ser solicitado a defender alguém que você sabe muito bem que é culpado, ou fazer *lobby* para uma organização ou indústria que não tem nenhuma preocupação com o bem-estar das pessoas. Você também pode ter uma família para sustentar.

Ao seguir a senda dos despertos, somos convidados a encarar essa questão do modo de vida com muito cuidado. Na verdade, não a podemos ignorar porque o problema continuará a ser sério. Neste caso, não há regras definidas a seguir. Você deve simplesmente *ver* a situação em que se encontra.

Se você está numa profissão claramente envolvida com algo nocivo para as pessoas, talvez você deva sair. Ou talvez deva ficar no lugar e fazer o que puder para torná-la mais humana. Ou talvez a melhor alternativa seja procurar um emprego semelhante numa indústria mais humana, mesmo que isso signifique ter um corte no salário.

Você precisa observar as suas próprias circunstâncias particulares com cuidado, e então agir. Observe a sua atitude à medida que se envolve com o trabalho. *Veja* o que cria confusão, desejo, sofrimento. *Veja* o que cria harmonia, alegria, boa vontade, cooperação e paz de espírito. Se você tem problemas para dormir à noite, veja como ganha vida. Freqüentemente é aí que está o problema. Você tem de aprender a *ver* claramente e, assim, a fazer o que é mais conducente ao despertar.

Não podemos julgar os outros, mas devemos cada qual examinar a nossa própria vida.

———

O buda-dharma versa sobre examinar a nossa vida, o nosso comportamento, a nossa fala e os meios pelos quais nos sustentamos neste planeta, e ao modo como todas essas atividades se ligam a tudo o mais.

Só temos uma escolha: ou despertamos, ou não.

CAPÍTULO 8

Prática

Sente-se por um momento e relaxe. Respire fundo algumas vezes. Agora, tente não pensar num elefante.

Eis algo mais a contemplar: imagine um círculo quadrado. Tente se empenhar mais. Faça um esforço.

Como você provavelmente já deve ter percebido, ambos os exercícios são, por natureza, impossíveis.

Muitas vezes, entretanto, empenhamos nossos esforços em tarefas muito semelhantes a essas. Concentramos nossas energias em objetivos que são impossíveis ou onde os recursos para realizar nossos objetivos estão totalmente fora do nosso controle. Desse modo, freqüentemente pensamos no esforço como uma espécie de tensão, força ou pressão. Entretanto, para o que Buda denominou *esforço correto* — o sexto aspecto do caminho óctuplo — não há tensão, força nem pressão, em parte porque o *esforço correto* está associado à *visão correta*. Quando você realmente *vê* que colocar sua mão no fogo é doloroso, você não precisa se esforçar para impedir isso.

Esforço correto significa simplesmente estar presente. Significa estar aqui, permanecer aqui e *ver* o que está acontecendo neste momento. Não se trata de tentar controlar, de tentar fazer com que algo aconteça — como esforçar-se para alcançar a iluminação. É como tentar não pensar num elefante. *Esforço correto* é naturalidade — naturalidade de movimento, naturalidade de pensamento. Trata-se da naturalidade de, neste momento, vir a ser.

——

Isso não é o que comumente entendemos por esforço. Geralmente fazemos um esforço para nos controlar, ser diferentes, tentar algo novo, melhorar a situação ou nos aperfeiçoar. A história da humanidade está cheia desse tipo de esforço. Eis que estamos diante do nosso mundo aperfeiçoado com o qual gastamos muito tempo e energia na tentativa de desenvolvê-lo. Aperfeiçoamos os rios, os lagos, a terra, a nossa sociedade e os modos de vida até o ponto em que agora nos questionamos se a raça humana irá sobreviver.

——

Esforço correto é, antes de mais nada, pôr fim aos estados da mente fragmentados e fraturados que já surgiram em nós. Nesses estados mentais comuns, o mundo aparece "fora de nós", dividido em vários caminhos, com uma coisa em contraposição à outra. Quando nos encontramos nesse estado mental, *vemos* as coisas como se precisassem ser manipuladas e controladas. Buda chamou esse estado mental de "enfermo" porque não conduz à cena total do que nos é apresentado.

Temos que *ver* onde podemos efetivamente aplicar o nosso esforço e onde não podemos. Se não estivermos *vendo*, empenharemos a maior parte, se não toda, da nossa energia em áreas sobre as quais não temos controle. Tentaremos controlar situações, pessoas e coisas sobre as quais, de fato, temos pouca ou nenhuma influência. Tentaremos, às vezes, controlar nossas próprias inclinações e impulsos. Tudo isso, no entanto, é como tentar não pensar num elefante.

Precisamos, primeiramente, *ver* o que podemos controlar e o que não podemos, caso contrário, iremos gastar nosso esforço em tentar fazer o impossível enquanto ignoramos aquilo que podemos alcançar com facilidade.

——

Na maior parte do tempo, nosso estado mental é fragmentado. Nossa mente está repleta de pensamentos do tipo "Vou conseguir tirar o que eu puder disso" ou "Preciso fazer algo por aquelas pessoas" ou "Gostaria que o meu estado mental não fosse tão disperso"; ou poderia ser qualquer uma das outras inúmeras maneiras de indispor uma coisa contra a outra.

O que seria, afinal, o nosso esforço? Espantar esses pensamentos como a uma manada de elefantes? Já sabemos que eles não serão expulsos. Quanto mais tentamos repeli-los, mais os alimentamos e mais eles crescem em força e resistência.

Se em vez disso simplesmente observarmos nosso estado mental fragmentado, *vendo* aquilo que ele é em vez de alimentá-lo — seja julgando-o, entregando-se a ele ou tentando colocá-lo de lado — ele passará, então, a ser consciente de forma espontânea.

O esforço envolvido em integrar sua mente dispersa não é diretamente aplicado a uma situação particular por meio da sua força de vontade. Isso não resulta do pensamento: "Percebo o meu estado mental enfermo. Agora tenho de liquidá-lo." Isso não vai funcionar. Apenas *vendo* o seu estado mental e suas inclinações em se aproximar disso e se afastar daquilo é que você irá despertar. Tudo o que você tem a fazer é continuar voltando-se para a *visão*. *Ver* é curar uma mente sob outros aspectos fragmentada, e impedir que outras dispersões mentais ocorram.

———◆———

Esforço correto também significa gerar estados mentais conscientes, tranqüilos, saudáveis e integrados, e mantê-los assim.

Todos nós conhecemos a máxima "Você pode conduzir um cavalo à água, mas não pode fazer com que ele a beba". Ficamos frustrados porque queremos que o cavalo beba e porque não está literalmente em nosso poder finalizar o trabalho que nos empenhamos em fazer por nós mesmos.

Muitas vezes insistimos num resultado específico. Supomos que o nosso objetivo será alcançado, se nos dedicarmos à tarefa diretamente, com determinação e bastante força de vontade. Queremos que aquela pessoa progrida, que o governo reduza os impostos, que o meio ambiente seja despoluído e que as guerras terminem.

Mas se você deseja despertar, esqueça os resultados. Em vez disso, observe a sua inclinação mental.

No que se refere ao buda-dharma, somos de fato o cavalo que está sendo conduzido à água. Os despertos nos conduzem à água. Eles indicam o caminho. Mas nós é que temos de beber. Esse trabalho é nosso.

As coisas podem nos ser indicadas, mas, se não as levarmos a sério — examinando-as com cuidado, testando-as com atenção, entendendo-as inteiramente e fazendo com que elas tragam vivacidade à nossa vida — não iremos despertar. Precisamos fazer esse esforço por nós mesmos.

Há muito mais coisas nessa metáfora. O cavalo está realmente com sede; e se o entendimento for suficientemente forte, o cavalo beberá. Primeiramente, no entanto, o cavalo precisa reconhecer que é de água — algo de fácil alcance — que ele precisa. Caso contrário, ele irá definhar, mesmo estando ao lado da tina de água.

Nossa ignorância é tanta que a maioria de nós não percebe que está com sede; ou, se percebemos, procuramos água no lugar errado. Vamos em direção ao fogo procurando refrigério. Muitas vezes ficamos confusos acerca do que é de fato a nossa sede.

Geralmente, se algo nos parece valioso, sentimos que temos de trabalhar de forma árdua para conquistá-lo ou partir em busca dele. No caso do despertar, isso não funciona. De fato, isso nos leva muito além do campo do despertar.

Uma pessoa foi a um mestre zen e disse: "Se eu me empenhar bastante, quanto tempo levarei para ficar iluminado?"

O mestre zen o olhou de cima a baixo e disse: "Dez anos."

A pessoa disse: "Não, escute, estou querendo dizer: se eu realmente me empenhar nisso, quanto tempo?"

O mestre zen o interrompeu: "Sinto muito. Eu errei. Vinte anos."

"Espere!", disse o rapaz. "O senhor não está entendendo! Eu estou..."

"Trinta anos", disse o mestre zen.

O rapaz expressa eloqüentemente a nossa maneira comum de agir. Não estamos, entretanto, lidando aqui com algo comum. Não podemos fazer essa abordagem, se o nosso objetivo é uma mente não-atormentada.

Nosso esforço em despertar é como mirar o oposto do alvo. Como em todos os alvos, queremos acertar no centro exato. Trata-se, no entanto, do centro exato da iluminação. Se isso é justamente o que você está mirando, não pode fazê-lo com uma mente tendenciosa. Você não pode querer a iluminação da mesma forma como quer outras coisas. Não há absolutamente nada que venha depois. Então, como devemos atingi-la? Como podemos despertar?

Normalmente um alvo é preparado de forma que, quanto mais próximo você chega do centro, mais pontos ganha. O alvo da iluminação, no entanto, é inverso. O grande ponto no centro indica pontuação zero; o pequeno círculo em volta dele vale dez pontos; o que fica do lado de fora deste vale vinte e cinco; e a linha dos cem pontos é perto da borda mais exterior do alvo. Se você deseja marcar pontos, o melhor que tem a fazer é atirar fora do alvo. Mas, se realmente você quer despertar, terá de atingir o centro exato do alvo.

Quanto mais próximo você estiver do centro do alvo, sem atingir o centro exato, mais distante você estará do despertar. Em outras palavras, se você apenas for atrás de mantos, cânticos, rituais ou de um nome budista, você estará mais distante do alvo do que se nunca tivesse começado a estudar o buda-dharma. Essas coisas são acréscimos culturais que foram acumulados durante milênios; elas não estão relacionadas com o despertar e irão provavelmente desviar a sua atenção da tarefa imediata e que está ao seu alcance.

Ao contrário do que acontece na arte de manejar o arco, atingir o centro exato da iluminação, neste caso, não requer habilidade, no sentido comum. Apenas empenhe o seu esforço em se manter desperto neste momento. Lembre-se simplesmente qual é o seu interesse em relação ao caminho — despertar — e então volte para o aqui correto e o agora correto.

Na maior parte do tempo, a maioria das pessoas que conhecemos estão, na melhor das hipóteses, apenas parcialmente envolvidas com o momento. Muitas vezes encontramos pessoas (ou nós mesmos) perdidas em pensamentos ou devaneios — mal se encontram aqui.

Era uma manhã de primavera. Eu estava numa das minhas caminhadas diárias ao redor de um lago próximo. A luz era agradável; as flores estavam começando a desabrochar; os aromas eram inebriantes. De repente, ouvi grasnidos altos de gansos.

Levantei os olhos para *ver* uma revoada de vinte pássaros ou mais, voando ordenados quase na altura dos olhos, vindo na minha direção. Eles vinham rápido, como a borda de um cobertor sendo puxada sobre a minha cabeça. Quando passaram sobre mim, pude ouvir a vibração do vento sobre as suas asas.

Naquele mesmo instante, vindo também na minha direção, estava uma corredora usando fones de ouvido. Ainda grasnindo alto, os gansos passaram bem em cima da cabeça da corredora — alguns virando um pouco para evitar atingi-la.

O que achei mais espantoso do que os gansos foi o fato de ela continuar correndo. Ela nem sequer percebeu os gansos. Eu quis compartilhar esse incrível acontecimento com ela, mesmo que apenas por meio de um olhar ou de um sorriso. Mas ela não estava presente.

Quantas vezes perdemos o momento simplesmente pelo fato de não estarmos aqui. Nós nos desligamos do mundo com muita freqüência — e também de nós mesmos — do mesmo modo como fez a corredora. Geralmente nem mesmo percebemos o quanto estamos afastados do que está acontecendo.

Buda assinala constantemente a seriedade dessa condição. De fato, para o desperto, as conseqüências são fatais. "Aqueles que são conscientes", disse ele, "não morrem. Os que são ignorantes são como se já estivessem mortos." A vida só é vivida neste momento, que é passageiro e está em constante mutação. Não podemos agarrá-lo. Se apenas parássemos de conservar a vida, imobilizando-a numa única perspectiva, experimentaríamos a vida como ela é e na sua plenitude. A importância de uma *atenção correta*, o sétimo aspecto do caminho óctuplo, é que ela entrelaça todos os outros sete aspectos do caminho e nos traz de volta à Realidade, aqui e agora.

A atenção ao corpo é a consciência de como ele funciona: a posição da mão, da cabeça ou da língua; nossa postura; nossa respiração; a sensação da grama, da areia, da madeira ou da pedra sob os pés; o sabor e o aroma desse momento.

Thich Nhat Hanh, num de seus exercícios de caminhada, pede para que imaginemos que somos astronautas que colidimos com a Lua e que estamos encalhados. Levantamos os olhos para o céu e vemos a Terra linda e azul, mas não podemos voltar porque a nossa espaçonave está danificada. Tudo o que podemos fazer é olhar para o globo brilhante e azul no céu frio e escuro, e ansiar por estarmos novamente em casa.

Suponha, entretanto, que tenhamos finalmente conseguido consertar nossa espaçonave e que aterrissamos mais uma vez na Terra. Como nos sentiríamos no primeiro momento em que colocássemos os pés na Terra? O que iríamos observar e provar? Com que intensidade iríamos sentir os aromas e sabores, a chuva suave ou a areia quente sob os pés?

Assim, diz Thich Nhat Hanh, é como deveríamos caminhar sobre a Terra a cada passo.

Do mesmo modo como podemos observar o corpo e o nosso ambiente físico, podemos também estar atentos ao atual cenário emocional da nossa mente. Ao simplesmente observar como sentimos sem tentar julgar ou mudar nossos sentimentos, poderemos perceber que não há distinção real a ser feita entre o eu e o outro. Se o dia estiver acinzentado interiormente, então, também o estará exteriormente.

Com o passar do tempo, podemos também perceber que cada sentimento que temos é transitório e inconstante. Conseqüentemente, por meio de uma simples observação, nossos sentimentos, embora não menos vívidos, tornar-se-ão menos imediatos e irão parar de controlar de forma rigorosa nossas emoções e ações. Seremos capazes de *ver* cada sentimento no momento em que surgem, sem nos sentirmos forçados a agir sobre ele.

Se, ao observar seus sentimentos, um comentário íntimo surgir: — "Isso é bom", "Isso é ruim", "Não gosto disso" — , apenas esteja consciente de que esses comentários estão sendo feitos. Você não precisa comple-

mentar dizendo: "Eu deveria estar vigiando mais e comentando menos."
Simplesmente preste atenção no seu sentimento anterior. Não tente mudá-
lo; observe-o apenas pelo que ele é.

Há também a atenção à mente. Enquanto estivermos propositadamente
atentos em ouvi-la, geralmente prestaremos pouca atenção ao fato de que
existe o constante matraquear de um monólogo — freqüentemente tolo —
percorrendo nossa mente. Quando realmente perdemos as estribeiras, podemos até mesmo desenvolver um diálogo.

Na maior parte do tempo, nossa mente tagarela com ela mesma. Se
você não acredita nisso, sente-se calmamente por um instante e tente permanecer consciente de sua respiração, prestando atenção ao ato de inspirar
e expirar. Se você fizer isso, ainda que por cinco minutos, provavelmente
perceberá que durante todo esse tempo sua mente brincava com inúmeros
pensamentos, sentimentos e fantasias.

Nossa mente desatenta é fonte de muita confusão e sofrimento para
nós. Comumente agimos mais pelos nossos pensamentos e suposições —
dos quais, em sua maioria, somos apenas vagamente conscientes — do que
pelo total compromisso com o momento. Para piorar, geralmente nos identificamos com os nossos pensamentos, como se de alguma forma pudéssemos ser descobertos essencialmente por meio daquilo que pensamos ou em
que acreditamos. Quando observamos com cuidado nossa mente, não podemos evitar de perceber que nossos pensamentos e estados mentais são tão
transitórios quanto as sensações do nosso corpo.

Há, finalmente, a atenção ao próprio duhkha: como e por que surge e como fazer para que ele deixe de existir.

Precisamos nos tornar conscientes do que está fora de ordem na vida
da humanidade. Precisamos *ver* que o que está fora de ordem nasce dentro
do nosso próprio coração e mente. Poderemos finalmente *ver* que, ao tri-
lhar o caminho óctuplo, o duhkha poderá chegar ao fim.

~

Um ponto central na prática da atenção é nunca se punir. Quando você perceber que não esteve atento, não se repreenda. Não há necessidade disso — na realidade, isso tudo tomará o seu próprio rumo. É necessário apenas que você perceba que não esteve atento, embora, naturalmente, ao fazer isso, você o esteja sendo. Apenas observe a sua mente. Quando você aprender a *ver* o que é doloroso e que não contribui para o despertar irá, muito naturalmente, parar de fazer isso.

~

Ao passo que a *atenção correta* significa retornar à experiência real, a *meditação correta*, oitavo aspecto do caminho óctuplo, é simplesmente continuar com a nossa experiência imediata a cada momento.

Na meditação que se faz sentado (*zazen*, em japonês), o foco da nossa atividade envolve o mínimo possível — apenas o corpo, a mente e a respiração. Se for possível, nesse tipo de meditação, é melhor receber instrução de um professor experiente do que de um livro. É melhor, também, meditar com outras pessoas. Para instrução formal escrita, entretanto, o melhor que posso fazer é citar Dogen, o mestre zen, no seu "Universal Recommendation for Sitting Meditation" (*Fukanzazengi*):

Para a meditação, é adequado um quarto silencioso. Coma e beba moderadamente. Deixe de lado todos os envolvimentos e interrompa todos os afazeres. Não julgue o bom ou o mau. Não pronuncie prós ou contras. Interrompa todos os movimentos da mente consciente, a avaliação de todos os pensamentos e visões. Não faça planos de se tornar um buda. A meditação não tem nenhuma relação com sentar-se ou deitar-se.

No local em que você se senta regularmente, espalhe colchonetes grossos e coloque uma almofada em cima. Sente-se de pernas cruzadas, com os joelhos apoiados diretamente sobre o colchonete. Você deve afrouxar suas roupas e cinto, deixando-os em condição adequada. Em seguida, coloque a mão direita sobre sua perna esquerda e deixe a palma da mão esquerda voltada para cima e sobre a palma da mão direita, com as pontas dos polegares se tocando. Assim, sente-se verticalmente numa postura corporal correta, não inclinando nem para a esquerda nem para a direita, nem para a frente nem para trás. Certifique-se de que suas orelhas estejam alinhadas com seus ombros e de que seu nariz esteja na mesma direção do seu umbigo. Coloque a língua na parte frontal do céu da boca, com os dentes e os lábios fechados. Seus olhos devem permanecer sempre abertos, e você deve respirar suavemente pelo nariz.

Uma vez ajustada a sua postura, respire fundo, inspire e expire, movimente o corpo para a direita e para a esquerda e sente-se numa posição cômoda e imóvel.

Essa instrução é para meditar enquanto estiver sentado no chão; no entanto, você também pode fazê-lo sentado numa cadeira. Coloque os pés no mesmo plano do chão. Ajuste a altura da cadeira usando, se necessário, uma almofada ou cobertor, de modo que você se sente com as coxas paralelas ao chão. Mantenha as costas retas; não se apóie no encosto da cadeira.

Caso você prefira sentar-se numa almofada no chão, ajuste a altura da almofada para garantir que seus joelhos se apóiem no colchonete. Se você preferir se ajoelhar, pode, se quiser, apoiar o corpo colocando uma almofada entre as pernas.

Depois de ter movimentado o corpo e se fixado numa posição sentada, preste atenção em sua respiração. Sente-se de forma ereta, respire bem fundo a partir do diafragma. Respire a partir do centro do seu corpo. Concentre-se na sua respiração. Respire natural e calmamente. Não force a respiração de forma alguma — apenas a acompanhe. Enquanto estiver inspirando, conscientize-se da respiração interior. Enquanto estiver expirando, conscientize-se da respiração exterior.

Nos estágios iniciais, uma vez que é difícil acompanhar a respiração, contar a cada vez que respirar pode ajudar você a manter a concentração. Conte um quando inspirar e dois quando expirar. Continue contando até dez e, em seguida, repita.

Novamente, apenas acompanhe a respiração. Enquanto fizer isso, pensamentos irão surgir. Não se incomode com eles. Não pense que são ruins ou que você não deveria tê-los. Não tente dispersá-los. Se você os deixar em paz, eles irão partir espontaneamente. É como "parar todos os movimentos de uma mente consciente". Você não pode fazer isso pela intervenção direta da sua vontade.

Se você se pegar distraído por pensamentos e sentimentos e tiver esquecido a respiração, simplesmente volte-se para o ato de respirar. Não há necessidade de se repreender por ter-se distraído. Repreender-se é se distrair novamente. Volte a contar a partir do um.

Enquanto você estiver meditando, todos os tipos de auto-análise podem surgir: "Lá vou eu novamente", ou "Não posso fazer isso", ou "Não sou muito bom nisso", ou mesmo "Não tenho certeza de que estou fazendo isso da maneira correta". Esses comentários são bastante comuns. Observe-os e deixe-os ir — eles irão embora se você os deixar.

Não se esforce para conseguir algum estado mental extraordinário. Não existe nenhum estado mental desse tipo. Se você se esforçar para obtê-lo, irá apenas perturbar a sua mente.

Essa meditação que se faz sentado não é um transe, não é um descanso, nem um relaxamento. Trata-se somente da conscientização da respiração, apenas isso. Gradualmente, enquanto sua concentração aumentar, você pode contar somente as expirações e, depois, somente as inspirações. Uma vez que você conseguir estabilizar sua respiração com certa regularidade, você poderá parar de contar e somente acompanhar a respiração. Além dessas simples instruções, a própria meditação lhe ensinará o que ela é.

Você irá aprender gradualmente a se fixar como uma montanha. Embora os pensamentos surjam, eles são apenas nuvens passando pela montanha. A montanha não precisa ser perturbada pelas nuvens. As nuvens passam e a montanha continua firme — observando tudo, não se agarrando a nada.

As pessoas freqüentemente me perguntam quanto tempo ou com que freqüência deveriam ficar sentadas meditando. Você é quem irá decidir. Pela manhã, antes que o mundo fique muito agitado, é uma boa hora; ou à noite. Comece meditando durante cinco minutos. Você pode aumentar gradualmente. Vinte ou trinta minutos está bom.

O mais importante aqui, no entanto — bem mais importante do que o quanto você medita — é que você faça isso com regularidade. Sua meditação deve se tornar uma atividade que você faz regularmente, como comer e dormir.

Quando for hora de comer, apenas coma. Quando for hora de dormir, apenas durma. Quando for hora de respirar, apenas respire. E quando for hora de meditar, apenas medite. É mais importante estabelecer isso do que o "quanto?" (Não sei quanto. Não muito, mas um pouco.)

Meditar com outras pessoas é útil porque elas irão refletir você; elas ajudarão você a *ver* a si mesmo. Mais do que isso, entretanto, a meditação com outras pessoas oferece apoio e encorajamento para a longa jornada. Não é sempre tão fácil estabelecer uma prática de meditação sozinho.

Como Shunryu Suzuki diz em *Zen Mind, Beginner's Mind,* quando você praticar a meditação, não tente deter o pensamento. Apenas esteja atento a esse momento; acompanhe a respiração e deixe que seu pensamento cesse por si próprio.

Pense naturalmente. Quando você é perturbado pelo curso do pensamento, este tende a aumentar e ficar mais rápido e ruidoso. Quanto mais você tentar controlá-lo, mais ele ganhará força. Deixe a mente livre e ela se acalmará; tente controlá-la, aquietá-la ou restringi-la e ela se irritará. Apenas precisamos observar o que está acontecendo e sossegar. Deixe que o pensamento pare por si só; ele o fará se você o deixar em paz.

Pensamentos, sentimentos e emoções vêm e vão na mente, mas não ficam. Se você mexe com eles, toca neles ou os desenvolve, eles persistem e começam a se ramificar em outros pensamentos. É isso que a mente faz quando não estamos atentos a ela.

Quando você se sentar e acompanhar a respiração, você *verá* exatamente o quanto sua mente está, de fato, ocupada.

Sua respiração é um objeto único para a meditação porque reside exatamente na fronteira entre o interior e o exterior, entre você e o mundo exterior.

Se você usar qualquer outro objeto para meditação — seja um objeto visual, um som ou um pensamento — não conseguirá passar pela dualidade básica. Tudo continuará da mesma forma. Haverá ainda aquela coisa "fora de nós" e haverá ainda você. Haverá ainda disposições da mente. Haverá ainda anseio e repugnância, dor e confusão. Haverá ainda o duhkha.

Ao fixar a atenção nessa suposta fronteira, gradualmente você poderá *vê-la* dissolver-se. De fato, você pode *ver* por si mesmo que, em primeiro lugar, nunca houve nenhuma fronteira entre o interior e o exterior, entre o eu e o outro.

———

Você não pode tratar a meditação como se fosse uma ocupação, como habitualmente faz. Na meditação, se for realmente meditação, o que estamos fazendo não é em favor de nada. Ela ocorre inteiramente para o nosso próprio bem. Em outras palavras, é inútil. A atividade normalmente "útil" é alcançada por meio de cálculo, peso, preço e avaliação. A meditação não tem nenhuma relação com nenhum deles.

Não espere conseguir nada a partir da meditação — inclusive a iluminação. Se você realmente quer a iluminação, apenas preste atenção ao que *isso* — a Mente — realmente é. Observe que uma mente gananciosa é a antítese do que você diz que quer.

Se a meditação só fosse mais uma atividade — nossa freqüente atividade de tentar conseguir, de tentar mudar, de tentar controlar, de tentar realizar — então, qual a vantagem em fazê-la? Ela é mais do que comumente fazemos e experimentamos. Meditação é tentar não fazer nada. Dogen observa que, quando você pratica a *meditação correta*, você

> pára de praticá-la tendo por base o entendimento intelectual, a busca por palavras e o acompanhamento do discurso, e toma conhecimento do passo para trás, que volta sua luz para dentro a fim de iluminar o seu eu. Corpo e mente se afastarão, e sua face original se manifestará. Se você quer atingir essa condição, deve praticá-la sem demora.

Se experimentamos a Realidade, precisamos nos envolver diretamente com ela, não simplesmente pensar, especular, teorizar e discutir a seu respeito. O buda-dharma não é uma filosofia teórica, mas uma prática esmerada. Não há razão em meditar somente para se ter uma idéia disso. Embora seja inútil, a *meditação correta* é a atividade real que lida com as necessidades profundas e dolorosas do coração. Faça a *meditação correta* mesmo que seja inútil. Faça isso sem nenhum objetivo. Faça isso pelo seu próprio bem. De fato, não há outra maneira. Se você tiver alguma intenção, por menor que seja, de lucrar, você não está plenamente envolvido. Você não está praticando a *meditação correta*.

Meditação correta é onde tudo é ativo — onde não criamos nem manipulamos, não possuímos nem ficamos obsessivos, não tentamos nem falhamos.

CAPÍTULO 9

Liberdade

H á dois tipos de conhecimento e dois tipos de visão. Um consiste em crenças, opiniões, hipóteses — ter-se uma idéia de algo. Trata-se de um domínio intelectual de conceitos. É isso o que comumente entendemos por conhecimento.

Este, entretanto, não é o verdadeiro *conhecimento*. De fato, os resultados naturais da confiança num mero conhecimento conceitual são medo, incômodo e confusão — em resumo, duhkha.

Nós achamos que podemos contar com nossas crenças e idéias para nos satisfazer. Mas, se examinarmos os efeitos que elas causam em nós, descobriremos que, na melhor das hipóteses, elas nos satisfazem apenas temporariamente. De fato, elas são verdadeiramente as nossas fontes primárias de ansiedade e medo, porque estão sempre sujeitas à contradição e à dúvida.

Todas as nossas idéias e crenças são, por sua própria natureza, perspectivas imobilizadas — fragmentos da Realidade, separados do Todo. Em outras palavras, porque confiamos mais no que pensamos (concepção) do que no que *vemos* (percepção), há agitação na nossa mente. Dominados por essa situação, ficamos inquietos — e ainda *sabemos* disso.

O fato é que, mesmo agora, já estamos iluminados. Nós *conhecemos* a Verdade. Apenas costumamos encobrir nossa experiência direta da Verdade com pensamentos — crenças, opiniões e idéias. Empilhamos todos eles numa estrutura conceitual, não reconhecendo as conseqüências do que estamos fazendo.

———

O problema não é tanto o fato de fazermos isso. De fato, dificilmente conseguimos deixar de criar conceitos. Eu não poderia escrever este livro e você não poderia lê-lo se não criássemos conceitos. O verdadeiro problema é que somos pegos pelos nossos conceitos. Não temos que lhes atribuir o poder, a precisão ou a validade que eles não têm. Simplesmente precisamos reconhecer que nossos conceitos não são a Realidade.

O erro que cometemos, repetidas vezes, consiste em fixarmos automaticamente algo em nossos pensamentos, sem perceber o que fizemos. E então chegamos a uma conclusão precipitada, pensando que captamos algum aspecto da Realidade.

O que examinamos é aquilo que está dominado pelo campo das nossas crenças, opiniões e conceitos; é um mar infinito de incertezas. Os conceitos aos quais nos apegamos são como minúsculos barcos agitados no meio de um vasto oceano. Contamos com nossas crenças e idéias, considerando-as sólidas, mas, na realidade, elas (e nós) estão em mares revoltos. Quaisquer idéias ou crenças que mantemos em nossa mente são necessariamente contrapostas a outras idéias e crenças. Dessa forma, não podemos evitar de sentir a dúvida.

Este é o âmago mais profundo do duhkha — a angústia existencial. É a compreensão de que, abaixo de todas as nossas idéias, há uma profunda e irremovível dúvida. No mesmo instante em que encobrimos nossa experiência real e direta em pensamento conceitual, a dúvida está exatamente ali, agregada a isso para sempre.

———

Criar conceitos é ver aspectos separados e distintos. Isso não se refere somente a idéias e pensamentos. Objetos físicos — um copo, um livro, mesmo a luz que está sobre esta página — são, ainda assim, conceituais. Todavia, eles são coisas que concebemos em nossa mente, separadas do Todo e contrapostas a qualquer outra coisa. Podemos falar a respeito delas, usá-las e manipulá-las. Podemos buscá-las, ansiar por elas ou deixá-las de lado. Não deveríamos, entretanto, tomar por Realidade esses objetos conceituados, imobilizados, isolados do todo. É nesse ponto que erramos. É onde se origina o duhkha.

O maior erro que cometemos em confundir um conceito com a Realidade está em fazermos a distinção mais familiar, estimada e fundamental: a separação entre o eu e tudo o mais. "Eu estou aqui, e lá adiante está um mundo estranho a mim." Acreditando, inquestionavelmente, que isso seja uma descrição integral e exata da Realidade, ignoramos a experiência imediata e buscamos outras coisas — bem-estar, felicidade, sentido — "fora de nós". "Vá em busca disso", dizemos. (E nossa confusão permanece irredutível, mesmo quando buscamos essas coisas "dentro de nós".)

Chegamos até mesmo a transformar a iluminação nesse objeto. Ao agir dessa forma, no entanto, não conseguimos ver que fizemos disso apenas um outro conceito, idéia ou item a ser perseguido — algo bastante comum e ilusório.

Mas, se olharmos bem de perto para a nossa experiência imediata, simplesmente não poderemos encontrar essa divisão. Na verdade, quanto mais nos esforçamos para ver, mais absurda e impossível se torna essa distinção.

Como vimos, há um segundo tipo de visão, que Buda chamou de *visão correta*. *Visão correta* não é um conceito ou uma crença. De fato, não é nada específico. *Visão correta* é simplesmente *ver* a Realidade tal como ela é, aqui e agora, a cada momento. É contar com a mera atenção — despida da consciência do que é, antes de surgir o pensamento conceitual. É confiar mais no que realmente experimentamos do que no que pensamos.

Se alguma vez estivermos na iminência de encontrar convicção — o verdadeiro *conhecimento* do que está além de toda dúvida e equívoco — isso claramente não virá de nossos conceitos e crenças, que estão em competição. Ao contrário, o verdadeiro *conhecimento* precisa surgir antes de todas as idéias e opiniões. Em outras palavras, não há nada além da experiência imediata e direta do mundo e no mundo. O verdadeiro *conhecimento* é *ver desse modo*.

Ver assim é o campo inabalável pelo qual ansiamos, simplesmente porque não pode ser posto em dúvida. Neste lugar se encontra a liberdade da mente, bem como o destemor.

Junto aos dois tipos de visões há dois tipos mentais. Todos nós, como seres humanos, temos o que poderíamos chamar de mente comum — a mente que você sempre admitiu ter. É uma mente contraditória, preconceituosa e fragmentada. Trata-se da mente da conscientização comum, a mente do eu e do outro. Geralmente, a consideramos como a "minha mente". Mas há uma outra mente que ainda não nasceu, não cresceu e não se condicionou. Ao contrário da "sua mente", ela é livre porque não há nada além dela. Para essa Mente, não há "outra mente".

Essa Mente não é nada mais do que o Todo. É simplesmente *assim*, a estrutura do próprio mundo — é o contínuo surgimento e a decadência, que consistem em matéria, energia e acontecimentos.

Falando a respeito dessa Mente, o notável mestre zen, o chinês Huang Po, disse:

Todos, tanto os budas como as pessoas comuns, são apenas Uma Mente. ... Essa Mente está além de todas as medidas, nomes e oposições: este próprio ser é Ela; assim que você movimenta sua mente, você se desvia Dela.

Esta Mente é evidente por si mesma — está sempre "ligada", por assim dizer: Podemos *vê-La* — e, de fato, fazemos isso — a todo momento. Se apenas nos abstivéssemos de agitar nossa mente (descansando nossos lóbulos frontais, como o meu professor de Zen costumava dizer) e deixássemos que nossa conceituação se aquietasse, como as ondulações num lago depois de um vento agitado, poderíamos perceber — *conheceríamos* — a Mente de forma clara.

Nossa intenção deve ser apenas a de estar despertos. Porém, isso não precisa ser um objetivo, como comumente consideramos. Não é algum fim pelo qual deveríamos (ou mesmo poderíamos) nos esforçar ou trabalhar para desenvolvê-lo como tal. É por essa razão que essa prática é radicalmente diferente de todas as outras coisas que fazemos ou podemos fazer. Quando *vemos* a Realidade pelo que ela é, não podemos mais fazer de conta que estamos brincando de alcançar, de nos esforçar ou de chegar. Você não pode chegar à *visão* dessa forma; a *visão* significa estar plenamente envolvido com este momento. Não há aqui nenhuma dúvida, nenhum medo e nenhuma angústia existencial. Não há perguntas esmagadoras do tipo: "Para onde vou depois de morrer?", porque se torna claro que essas questões, dúvidas, medos e ansiedades têm por base a aquisição de uma ilusão — o eu.

No fim do segundo milênio, está se tornando cada vez mais difícil para nós encontrar sentido em nossa vida. Não nos deixamos enganar por muitas de nossas antigas histórias. A religião não prende a maioria das pessoas, hoje em dia, como fazia outrora. Embora muitas pessoas afirmem isso da boca para fora, enquanto se apegam à religião desesperadamente, estando subjugadas a tudo isso, "Deus" não parece ser a resposta definitiva para muitos de nós.

Realmente, não vivemos como se acreditássemos em Deus. No desespero, entretanto, oscilamos entre dois riscos: o ceticismo e o dogmatismo. Continuamos a recorrer a este ou àquele para dar sentido à nossa vida.

Não entendemos facilmente que nós mesmos criamos este problema de ausência de sentido por meio da ilusão do nosso pensamento. Em primeiro lugar, se pudéssemos *apenas ver* este momento pelo que ele é, a ausência de sentido nunca iria surgir. Por meio da nossa própria tentativa de definir e organizar as coisas por nós mesmos — tentar identificar e atribuir significados às coisas — é que acabamos criando um mundo que é, no final das contas, sem sentido.

Qualquer coisa que sustentarmos como sendo "o sentido da vida" se mostrará, enfim, vazio, falso ou contraditório. Entretanto, continuamos a bater na mesma tecla e a procurar inutilmente por uma explicação conceitual. Ou isso acontece ou entramos em desespero.

Tentamos isso, tentamos aquilo, tentamos outra coisa e uma outra. Ficamos desiludidos e cansados. Depois de toda essa nossa procura, de toda a filosofia e ciência que elaboramos por séculos, está ficando muito difícil encontrar uma história em que possamos acreditar.

Libertar a mente é compreender que não precisamos acreditar em nenhuma história. Trata-se de compreender que, diante do nosso pensamento confuso, há de fato a Realidade. Podemos *ver* isso. Tudo o que precisamos fazer é aprender a nos envolver plenamente com este momento à medida que ele surge. O caminho óctuplo mostra como fazer isso.

A dor profunda e vazia do coração surge de uma vida de busca de sentido. No entanto, é pelo nosso próprio desejo de encontrar sentido que criamos a ausência de sentido. A própria idéia de procurar um objetivo, um sentido surge do nosso pensamento iludido. Quando realmente *vemos* a Realidade pelo que ela é, todas as questões de sentido são transcendidas, e estamos livres para nos envolver com o mundo como ele realmente é.

Joseph Campbell disse que colocamos a experiência religiosa em curto-circuito quando a colocamos em conceito. De fato, grande parte do ensinamento religioso é calcada em estruturas conceituais. Isso é verdadeiro tanto para o Budismo como para qualquer outra religião.

Se, entretanto, despertássemos, teríamos de observar a estrutura à qual atrelamos todas as coisas. Enfim, se realmente buscássemos uma mente livre, não deveríamos nos apegar ao caminho óctuplo e nem mesmo ao próprio Budismo. Não deveríamos transformar o buda-dharma em algo sagrado, em algo para ser erguido num pedestal dourado num lugar eminente.

Esse caminho simplesmente nos faz lembrar de como estamos envolvidos com o mundo. É como a balsa que nos carrega para a margem oposta. Nós a utilizamos até certo ponto e, em seguida, nós a deixamos para trás. Uma vez que atravessamos o rio, deixamos a balsa para outra pessoa. Não precisamos arrastá-la por toda parte. Seria um fardo para nós.

Parte Três

Mente Livre

CAPÍTULO 10

A Maneira Como Somos

A época de Buda foi uma época de grande confusão filosófica, muito semelhante à nossa época atual. Muitas idéias e sistemas religiosos diferentes eram propostos, discutidos e seguidos. Uma idéia que foi desenvolvida há séculos é a existência de um eu metafísico chamado *atman*. O atman era considerado eterno. As pessoas que acreditavam nessa teoria de um eu eterno ou alma eram por isso conhecidas como eternalistas.

A teoria dos eternalistas afirma que existe um âmago eterno em cada um de nós, temporariamente abrigado num corpo que está sujeito à morte e à decomposição. Este eu eterno sobrevive além da morte ao corpo perecível. Com essa teoria da alma em voga, surgiram também outras noções agregadas, inclusive a idéia de um Deus criador.

Uma noção contrária logo surgiu para se contrapor à teoria do atman. Um grupo de filósofos na Índia antiga, conhecidos como materialistas, argumentava que não existia nenhuma entidade como o atman — um eu eterno ou alma — dentro do gênero humano. A morte do corpo é a morte do ser psicofísico, diziam eles. A pessoa como um todo morre e perece junto com o corpo. Tudo o que resta depois da morte é apenas matéria, um corpo sem função, que logo perece. A idéia materialista era de que, ao passo que a matéria é eterna, não existe um eu eterno.

Embora essas teorias tenham sido debatidas há muito tempo na Índia, encontramos as mesmas idéias circulando nos dias de hoje. Na verdade, mesmo depois de séculos de sério debate e alarido, a mesma disputa ainda reina.

As mesmas questões essenciais também continuam a surgir. O que eu sou? Por que eu estou aqui? O que significa ser humano? Como eu vim a ser um? O que acontecerá comigo quando eu morrer? Continuarei depois da morte? Algum dia serei capaz de encontrar respostas convincentes para essas perguntas? Esse é o problema humano — o problema do ser. É o que nos leva, um a um, de geração em geração, à dor e ao sofrimento.

Esse é o problema real e essencial do qual se origina todo o nosso sofrimento, um problema que não podemos pôr de lado. O incômodo da confusão, a agonia e o horror de sermos suficientemente inteligentes para entender que iremos morrer, a percepção de que tudo o que cremos e todas as pessoas que conhecemos terão um fim — como podemos lidar com essas questões? Como podemos lidar com esse problema profundo do ser, sem recorrermos à especulação e à crença?

Estamos enganados a respeito do eu. De uma forma ou de outra, estamos muito confusos quanto a essa idéia perene do atman, do eu eterno ou alma. Todos nós temos um, ou não temos? Quer optemos pelo "sim", pelo "não" ou mesmo pelo "não sei", o que nos resta é, no mínimo, perturbador. Tente defender qualquer uma dessas posições e a considerará impossível. Qualquer resposta a que chegarmos não conseguirá acalmar a dor profunda e persistente do coração. De fato, cada uma dessas três opções inevitavelmente nos leva a silenciar as mais alarmantes e confusas perspectivas.

Se dissermos "sim", colocaremos tudo na crença de que o eu ou atman é o centro da Realidade. Acreditar nesse eu eterno é o mesmo que proclamar que existimos antes que todas as outras coisas viessem a existir. Podemos muito bem supor que somos a causa de toda a criação.

Talvez isso não seja o que queremos dizer por "eterno", mas simplesmente que o eu existe agora, mas não morrerá. Então, como, quando e por quem foi criado esse eu? Ele existia antes do Big Bang? (Houve um Big Bang?) Ele deixará de existir depois que a raça humana desaparecer? Depois que a Terra for envolvida pelo Sol, daqui a alguns bilhões de anos? Depois que o universo inteiro ficar limitado a um ponto minúsculo, inacreditavelmente quente e compacto? Ou depois que o universo inteiro se expandir e se congelar com "o fim do calor"?

Além disso, se acreditarmos na noção de um criador, além da contenda que essa crença inevitavelmente gerará, enfrentaremos o problema de determinar o que, se houver algo, poderia ser esperado de nós por esse ser — que é outro ponto de controvérsia. Também teremos o problema de sempre nos contentarmos com este mundo e nos protegermos nele; mundo este que nos deixa com essas perguntas grandiosas, imediatas e ainda sem respostas. Em outras palavras, ainda enfrentaremos esse mesmo problema sem solução.

Se dissermos: "Não, não há um eu", então nossas mentes começarão a girar numa outra direção. Se não há nenhum eu, então quem ou o que é isso que está vivendo a nossa vida? O que é isso que percebe, sente e se expressa? Se tudo é apenas matéria e energia, como podemos explicar a percepção e a conscientização? Por que o universo inteiro não está sem vida e sem consciência? O que é isso que está fazendo todas essas perguntas? E o que é isso que está sentindo essa profunda angústia e confusão? Se dissermos "não", estaremos diante do problema de sermos criaturas inteligentes num universo sem sentido. O que poderia ser mais perturbador do que isso?

Se dissermos, com toda a honestidade, "não sei", durante quanto tempo poderemos prosseguir sem uma resposta definitiva para essa pergunta de extrema importância? Quanto tempo levará até que a nossa angústia permanente, a nossa confusão existencial e o nosso desespero se tornem insuportáveis?

E se simplesmente nos desviarmos da questão, quanto tempo levará até que nossas negativas se desintegrem sob o peso do duhkha? Seremos capazes de continuar a ignorar ou a negar a questão em nosso leito de morte?

Além da natureza profundamente perturbadora dessas questões, o fato é que não há indício, em nossas experiências reais, para sustentar nenhuma dessas posições — inclusive para o "não sei". Se tomarmos qualquer uma dessas posições, faremos isso como um ato de fé, uma fé que é por si só profundamente perturbadora e altamente sujeita à dúvida.

Foi esse o problema profundo que Buda se dispôs a esclarecer e a demolir. E, de fato, ele o demoliu — totalmente e sem discussão.

A solução não está no "sim" ou no "não" e nem no "não sei", porque o fato é que *sabemos*. Apenas não somos muito bons em reconhecer o que realmente *sabemos*.

Buda *não se deixou enganar* por essa questão aparentemente sem resposta. O que ele encontrou foi uma *visão* que não se contrapõe a nenhuma outra, uma *visão* que parece a mesma para todos os que *vêem*. Fazendo isso, ele entendeu que tanto a visão dos eternalistas ("existe um eu") como a visão dos materialistas ("não existe nenhum eu, apenas matéria") eram descrições exageradas e inverificáveis da Realidade.

Na visão do grupo de eternalistas, negou-se que todas as coisas tenham um fim. Buda, confiando exclusivamente na experiência direta, não só não encontrou nenhuma evidência de começo ou fim, como também não pôde encontrar nenhuma evidência de qualquer coisa separada e persistente que pudesse ter um começo ou um fim.

Não se trata, entretanto, de afirmar que não existe experiência, que existe apenas matéria — visão esta que os materialistas aceitaram. Buda rejeitou também a visão niilista. Ele a considerava exagerada, uma vez que não explicava a presença da consciência — uma presença que é, certamente, auto-evidente.

O buda-dharma é chamado de método intermediário, porque rejeita qualquer visão exagerada, o que Buda chamou de "visões imobilizadas"; visões essas que tentam embrulhar a Realidade em pacotes belos e enfeitados.

Estamos fortemente inclinados a nos apegar com firmeza a certas visões, uma vez que elas nos dão uma sensação de solidez sob os nossos pés. Infelizmente, elas simplesmente não podem conter a Realidade e, dessa forma, sempre nos deixam sujeitos à dúvida e à confusão — ao duhkha. A maioria das visões que possuímos poderiam não nos parecer exageradas à primeira vista; mas, quanto mais de perto as examinamos, mais exageradas (e absurdas) elas se tornam.

Todas as visões que possuímos (e que prezamos) surgem em grupos de duas ou mais. Muito freqüentemente, elas surgem como pares de opostos: prós e contras, Leste e Oeste, liberal e conservador, dualista e não-dualista. Por exemplo: "As pessoas são basicamente boas" pressupõe uma qualidade definitiva de bondade e, por conseguinte, atribui essa qualidade a todos os membros da nossa espécie. Entretanto, assim que é apresentada, ela requer imediatamente uma visão oposta: "As pessoas são basicamente más." Trata-se essencialmente da mesma visão, mas inclinada para a direção oposta.

Você pode *ver*, tendo exclusivamente por base a sua experiência imediata, que nenhuma dessas visões indicam a Realidade? Ambas são conceitos — tentativas de imobilizar a Realidade em algo rígido, rápido, sólido e acondicionado.

Reveja a sua própria experiência. Você acha que uma coisa específica chamada Bondade supre a motivação primária de todas as pessoas que você conhece? E em relação à Maldade? Você acha que a Maldade existe como uma coisa específica e que serve como a maior motivação na vida de todo ser humano?

Bondade e Maldade inatas são ambas visões imobilizadas — noções, conceitos. Elas não se referem a nada na experiência real. Não se trata de afirmar que as pessoas não agem de uma maneira pela qual possam ser chamadas boas ou más, mas apenas que Bondade e Maldade inatas são invenções conceituais — objetos filosóficos da nossa própria criação. Ambas as visões fracassam ao indicar a Realidade. A Realidade é muito mais fluida do qualquer uma dessas visões exageradas pode ser capaz de indicar. Na verdade, qualquer uma dessas visões imobilizadas é, por definição, exagerada — e, portanto, incapaz de refletir a Realidade.

O que geralmente não conseguimos compreender é que, simplesmente por meio do nosso apego a uma visão específica — acreditando nela, contando com ela, agarrando-se a ela — é que ela se torna imobilizada e exagerada.

Buda repudiou todas essas visões porque elas são, por natureza, conceituais e tentam imobilizar o mundo em entidades sólidas e separadas, sejam elas a Bondade, a Maldade, o eu, o não-eu, os livros, a luz, a iluminação, o Budismo ou qualquer outra coisa ou pensamento. Todas essas tentativas, naturalmente, falham. O mundo da experiência simplesmente não é imobilizado. A Realidade não será reduzida a conceitos. Nossa experiência imediata e direta confirma isso.

∼

Imagine que alguém venha até você e pergunte: "As pessoas são basicamente boas?" Você poderia responder: "Não; pela minha experiência, não."

A pessoa replica: "Ah, sei. Então as pessoas são basicamente más."

O que você diria agora?

Você teria de responder novamente: "Não; pela minha experiência, não."

Agora imagine que a pessoa que está fazendo a você essas perguntas fique muito inquieta. "O que você quer dizer com isso? Você não pode ter as duas possibilidades! Se as pessoas não são basicamente boas, elas devem ser basicamente más! Você está se contradizendo!"

É claro, entretanto, que você não está se contradizendo. Você está simplesmente *vendo* além da dualidade a que o seu questionador está preso. Você pode *ver* que os seres humanos são muito complexos e fluidos para serem basicamente bons ou maus. Na verdade, eles são muito complexos e fluidos para serem "basicamente" qualquer coisa em particular. Você pode *ver* a Realidade além da conceituação, além da visão imobilizada do questionador.

Foi precisamente isso o que Buda fez em relação aos conceitos referentes à natureza do eu. Buda *viu* que ambas as afirmações, a do eu eterno (*atman*) e a da negação desse eu (*anatman*), são visões imobilizadas que não explicam a experiência real. São meros conceitos que construímos com a nossa ansiedade, repugnância e ignorância.

∼

Muitas pessoas entendem que Buda negou a existência de um eu eterno e imutável. E estão certas. Buda *não se deixou enganar* pela visão exagerada dos eternalistas. O que é menos compreensível, entretanto, é que Buda também negou a extrema visão oposta, a dos materialistas ou niilistas. O pior é que muitas pessoas pensam: "Buda disse que não há um eu; portanto, o Budismo é a religião do niilismo." É como pensar: "Já que você não acredita que Deus é um senhor de idade avançada, com uma barba longa e branca e que vive nas nuvens, você deve ser um ateu."

É muito fácil deixar-se envolver nessas dualidades sem perceber que estamos fazendo isso. Negar um conceito não é adotar o seu oposto. Quando você diz não à pergunta: "O bicho-papão ainda está escondido no seu armário?", você não está dizendo que o bicho-papão saiu por um dia. Você está negando a validade da própria pergunta.

Buda negou a pergunta: "Existe ou não existe um eu?" exatamente da mesma forma. Buda *viu* que nenhuma opção — nenhuma extremidade — reflete a experiência real. De fato, a própria pergunta não se refere à Realidade do mesmo modo que a pergunta: "O bicho-papão ainda está escondido no seu armário?" não se refere. Ambas têm por base hipóteses totalmente sem fundamento acerca da Realidade.

～

Quando perguntamos pela primeira vez a que de fato se refere o termo "eu", instaura-se imediatamente uma confusão. Se pesquisarmos a palavra "eu" no dicionário, descobriremos que geralmente ela é definida como "não outro". O que é "outro", então? É "não eu". Isso não nos leva a lugar algum.

Podemos *ver* que o termo "eu" se refere à existência de uma suposta entidade que não muda. Quando você diz: "Quando eu tinha seis anos de idade, estava na primeira série", o "eu" se refere a algo que agora é o mesmo do que deve ter sido aos seis anos de idade. Se não é o mesmo, então a que se refere o "eu" afinal? E se a entidade é a mesma, é a mesma em quê? Na aparência? Na memória? Nas células que compõem o seu corpo? (Na verdade, a que se refere agora o "eu"?) Tudo isso mudou drasticamente durante anos e continua a mudar agora. Assumir a existência de um eu, é assumir a existência de algo que não mudou e que se manteve assim no decorrer de todos esses anos. E se o objeto em questão — o "eu" — mudou, de que maneira pode ser ainda ele mesmo? Mudar significaria ter-se tornado alguma outra coisa.

É impossível para qualquer coisa se manter e ainda assim mudar. Isso, no entanto, é exatamente algo que não podemos encontrar — um eu que não muda. No que diz respeito a isso, como vimos, não podemos encontrar nada que não mude. De fato, não podemos encontrar nada sólido. Qualquer coisa para a qual você aponte — uma coisa física, uma pessoa, um pensamento, uma emoção — todas elas estão sem um eu. Todas elas mudam. Até mesmo a memória não demonstra nada além de fluxo e mudança. Não existe nada, nenhum componente da mente ou do corpo, que não esteja em constante fluxo. Seja ao falarmos a respeito do nosso corpo físico, ou dos seres do mundo natural — animais, plantas, pedras, lagos, pingos de chuva, estrelas — ou dos objetos do nosso mundo de propósitos — cadeiras, janelas, caixas de leite e agulhas de costura — não encontramos nada além de fluxo e mudança. Todo átomo, toda partícula do universo, não é nada além de movimento e mudança. O mesmo acontece com a nossa experiência mental, com nossos sentimentos, pensamentos e imagens.

Trata-se de um fato incontestável da experiência — da nossa percepção direta e imediata — que todas as coisas são vazias de eu. Ainda assim, pensamos, acreditamos, esperamos e agimos de outro modo. É agarrando-nos a essa noção do eu — a qual mais prezamos — que vivemos em oposição à Realidade.

Esse é o modo como sofremos, e sofremos muito. Afrontar a Realidade causa-nos sofrimento.

➤

Não precisamos, no entanto, do conceito de um eu para explicar a experiência? Como pode haver experiência sem um eu para ter essa experiência? A Verdade é que não precisamos dessa explicação e que tudo o que o eu representa é uma explicação da experiência.

A Realidade não precisa de explicação. De fato, a Realidade é precisamente aquilo que não precisa de uma explicação, uma vez que qualquer explicação nos transfere da experiência imediata para o campo dos conceitos.

A Realidade é simplesmente *assim* — experiência imediata e direta, anterior a quaisquer idéias ou quaisquer explicações. Explicar a Realidade é colocá-la numa caixa e transportá-la numa carroça. É trocar o território pelo mapa.

Buda *viu* que não é necessária a noção de um eu para explicar a experiência real. Ele *viu* que o eu é meramente um conceito formado por um desejo que temos de conseguir manipular as coisas mais do que de aceitar a nossa experiência como Real, mas que não se pode pegar.

Naturalmente, o termo "eu" pode — na verdade, deve — ser usado de maneira convencional a fim de que conversemos uns com os outros, escrevamos e leiamos livros, e assim por diante. Não se trata, no entanto, de um termo muito exato.

Quando Buda falava sobre as pessoas, geralmente usava um termo diferente: "correnteza". Imagine uma correnteza fluindo — constantemente se movimentando e mudando, sempre diferente de um momento para o outro. A maioria de nós nos vemos como cortiças flutuando numa correnteza, coisas persistentes movendo-se para a frente e para trás na correnteza do tempo. Entretanto, essa é ainda uma outra visão imobilizada. De acordo com essa visão, tudo na correnteza muda, exceto a cortiça. Enquanto, de modo geral, admitirmos mudanças no nosso corpo, na nossa mente, nos nossos pensamentos, nos nossos sentimentos, nos nossos entendimentos e nas nossas crenças, ainda acreditaremos: "Eu mesmo não mudo. Eu ainda sou eu. Eu sou uma cortiça imutável numa correnteza que está em constante mutação." Isso é o que precisamente acreditamos ser o eu — algo que não muda.

O fato é que, entretanto, não há cortiças na correnteza. Há apenas correnteza. O que conceituamos como "cortiça" é também correnteza. Somos como a música. A música é, afinal de contas, um tipo de correnteza. A música só existe em fluidez, fluxo e mudança constantes. Uma vez que o movimento pára, a música não é mais música. Ela existe, não como uma coisa particular, mas como um simples ir e vir, não tendo junto a ela nada que venha ou vá.

Examine isso cuidadosamente. Se for verdade — tal como uma correnteza existe, como a música existe e como nós existimos — *veja* como, quando introduzimos a noção de "eu", pressupomos algumas poucas e sólidas entidades que flutuam, não como uma correnteza, mas como uma cortiça numa correnteza. Nós nos vemos como cortiças sólidas, não como a real correnteza que somos.

Se somos a correnteza, o que é que experimenta o fluxo, o fluido e a mudança? Buda *viu* que não existe uma coisa particular que tenha experiência. Há experiência, mas não há um ser que experimente. Há percepção, mas não há um ser que perceba. Há consciência, mas não há nenhum eu que possa ser localizado ou identificado.

Temos a experiência do duhkha porque, não *vendo* a verdadeira natureza das coisas, ansiamos por algo permanente, que não mude. Ainda assim, nossa experiência real não proporciona nada além de mudança.

Em virtude dessa confusão básica, ansiamos por algo que podemos ter em mãos. Queremos segurá-lo, apegar-nos a ele. Aquilo que amamos, queremos que dure. Daquilo que odiamos, queremos nos livrar para sempre.

Por causa da mudança, entretanto, aquilo que odiamos não pode se manter afastado para sempre, mas acaba voltando. Por causa da mudança, aquilo que amamos não persiste, mas certamente se enfraquece. Se apenas relaxássemos, notaríamos que, por causa da mudança, aquilo que amamos continua a surgir e o que odiamos nunca dura para sempre. Também observaríamos que não há eu permanente que possa ser agradado ou danificado.

É isso que temos de *ver* — que tudo é fluxo, movimento e fluido. Por acreditarmos que existe algum ser estático no meio de tudo isso — uma permanência imaginária que chamamos de "eu" — é que sofremos o duhkha.

～

Às vezes, quando as pessoas ouvem pela primeira vez a respeito desse ensinamento, elas têm uma sensação de inquietação ou de medo. Na realidade, para alguns de nós, trata-se da coisa mais pavorosa que já contemplamos. "Você quer dizer que, na verdade, eu não existo? Essa sensação do eu é uma ilusão? Não estou realmente aqui?" Isso soa como uma sentença de morte. Pior ainda; isso soa como se já estivéssemos mortos e nem mesmo soubéssemos. Por que alguém iria querer despertar para a Realidade se nem ao menos está aqui?

Esse medo surge do apego a uma visão exagerada: a visão oposta: "E estou possuído de um eu." É assumir a existência de um eu e, por conseqüência, estremecer com a idéia de ter essa suposta entidade levada para longe. Se isso está sendo suposto, em primeiro lugar, deveríamos também perceber que não há nada sendo levado para longe. O eu que não temos é como o bicho-papão que não está no seu armário. Não significa que o bicho-papão tenha ido embora. Nunca nem ao menos houve um bicho-papão.

Nossa situação assemelha-se à de um garoto que vi certa vez fazendo um exame de raio X. Ele parecia ter quebrado o braço, e uma auxiliar médica o estava conduzindo a um quarto em cujo centro havia uma enorme máquina de raio X. Quando a auxiliar abriu a porta, o garoto olhou para a grande máquina e se encolheu de medo. Provavelmente, ele já devia ter sofrido muito — e agora enfrentava aquela máquina enorme e assustadora.

A auxiliar viu a reação dele e gentilmente perguntou: "Você está com medo daquela máquina grande?"

O garoto assentiu timidamente.

Para acalmá-lo, ela disse: "Bem, não vai machucar você. Só vai tirar uma foto sua."

Sentimos medo, do mesmo modo como esse garoto sentiu. Não compreendemos a consciência, do mesmo modo que o garoto não compreendia a máquina de raio X. Naturalmente, ficamos com medo de que qualquer coisa que estejamos prestes a enfrentar venha nos machucar.

Entretanto, farei aqui o papel da técnica de raio X e direi a você que isso não irá machucar. O fato é que não é o despertar para a Realidade que machuca — muito pelo contrário. O que nos machuca é a nossa oposição à Realidade, causada por ignorarmos a nossa experiência direta da Realidade.

Tudo o que temos a fazer para aliviar esse medo é considerar que a Realidade já é o que é. Caso todas as coisas estejam sem um eu permanente, então, qual é a diferença entre aquela situação e agora? Em outras palavras, o que há para temer?

Não é como se, quando você *vê*, o mundo desaparecesse num piscar de olhos. Se você estiver simplesmente *vendo* a Realidade, esta não vai mudar por meio da sua percepção dela. A Realidade permanece Realidade. Você simplesmente a *verá* pelo que ela é — o que não é nada excepcional. Despertar para a Verdade não é doloroso. Sofremos com a nossa confusão a respeito da Realidade, não com a própria Realidade.

⸻

Embora a entidade duradoura inicial que imaginamos existir seja o nosso eu, essa condição de eu pode ser aplicada a qualquer coisa ou pensamento. Pegue este livro como exemplo: podemos imaginá-lo como um objeto distinto e separado, existindo totalmente por si só. Concebemos que seja uma coisa particular que veio a existir numa certa época do passado, que agora resiste e que será reduzido ao pó e desaparecerá algum dia no futuro. E, então, dizemos: "É o fim do livro."

Entretanto, como já consideramos, não podemos constatar qualquer começo ou fim definitivo para este livro — ou, de fato, para qualquer coisa. Pensar que o que fazemos é mirar a idéia de uma coisa persistente e duradoura. Mesmo agora, se você prestar bastante atenção à experiência imediata, não irá encontrar realmente nenhuma coisa duradoura que você possa apontar como "este livro". Como todas as coisas, o que estamos chamando de "este livro" é apenas mudança e fluxo.

O livro que você está segurando agora, por exemplo, não se parece em nada com o livro fechado que você pegou há pouco para ler. Você diz: "É porque eu o peguei e o abri." Entretanto, isso é mudança.

O problema é: a que se refere o "o" na frase: "Eu o peguei e o abri"? Não há nada estático e imutável — em outras palavras, nada permanece por si só — que possa ser aqui mencionado. O "o" a que supomos nos referir é apenas uma construção mental.

Sabemos, pela ciência moderna, que o processo dinâmico a que estamos nos referindo provisoriamente como "este livro" é um conjunto de moléculas que se movimentam rapidamente. Cada uma por si só não é nada além de movimento, e todas as moléculas trocam continuamente seus elétrons com outras moléculas e átomos. Em resumo, este livro não é nada além de uma constante mudança em si mesmo. É uma correnteza que flui, não uma cortiça sólida.

Da mesma forma que "este livro" é apenas uma construção mental, uma idéia, assim ocorre com qualquer coisa que concebemos existir por si mesma.

Como vimos, uma vez que nos prendemos à idéia de um universo cheio de coisas separadas, imutáveis e persistentes (como é nosso hábito fazer), já criamos a noção de que cada coisa deve ter sido iniciada em algum momento no passado. Também, necessariamente, concebemos que cada coisa precisa morrer, precisa chegar ao fim algum dia. E quando o que está em questão é o "eu" imaginário, essa perspectiva naturalmente nos apavora.

Se, entretanto, prestarmos bastante atenção na nossa experiência real, constataremos que nada semelhante a isso ocorre — nunca! Tudo o que já constatamos é o surgimento e a interrupção do mundo da mesma forma que veio a ser agora. Quando você estala os dedos, já desapareceu. Tudo o que permanece é *assim*. *Assim* não é um objeto da mente, mas a Própria Mente. Há apenas esse surgimento e interrupção eternos — mas não há nada que venha ou que vá. Essa é a nossa experiência real a cada momento. Se *simplesmente víssemos* e confiássemos exclusivamente na percepção, *veríamos* o surgimento e a interrupção contínuos do mundo que veio a existir *agora* — e toda a nossa confusão a respeito da natureza da existência iria desaparecer instantaneamente.

Nossa única esperança de liqüidar o duhkha na sua origem não está mais na investigação, na teoria ou na agregação, mas em aprendermos a *ver* diretamente o quanto estamos cronicamente confusos.

CAPÍTULO 11

Não Consigo "Me" Definir

Parece que vivenciar duhkha sempre foi o nosso destino. Sendo humanos, temos o hábito de conceitualizar nossas experiências, concebendo, assim, um "eu". O fato de esse "eu" 1) não ser localizável, 2) contradizer a experiência direta e 3) ser literalmente impossível, pouco contribui para atenuar a idéia que geralmente temos de que ele existe em algum lugar dentro de nós, se não no nosso corpo, ao menos na nossa mente.

Devemos notar, porém, que, quando temos uma crença firme no "eu", não conseguimos explicar nossas experiências e a consciência deve continuar sendo um completo mistério.

Além disso, sofremos uma profunda angústia existencial por interpretarmos erroneamente a experiência real. Em vez de levar em conta apenas o que realmente percebemos, concebemos um "eu" e, então, estremecemos de medo de que ele possa ser levado de nós, sofrer avarias ou infelicidade.

É claro que não podemos simplesmente deixar de lado a nossa noção de "eu" como quem troca de roupa. Trata-se de uma ilusão bastante sedutora. A única maneira de *vermos* o que é ilusório nessa idéia é aprender a prestar atenção na nossa experiência real e a ver como esta é diferente dos pensamentos e conceitos que temos sobre ela. Depois de ter *visto* que o "Eu" não pode ser encontrado, a mente fica livre e deixa de sentir medo.

É como não ter mais medo do bicho-papão. Quando crianças, nosso medo dessa criatura pode ter sido forte e real. Nós crescemos, e o medo desapareceu. Não porque encontramos modos de manter o bicho-papão fora do armário com cânticos e rituais, nem porque conseguimos encontrar formas eficazes de trancá-lo dentro do armário à noite, ou porque aprendemos a mantê-lo fora da mente nos distraindo e brincando o dia todo (até anoitecer, de qualquer modo). Ele desapareceu porque nós despertamos para a Realidade. O bicho-papão na verdade nunca existiu. Vimos que a terrível criatura que tememos durante anos só existia na nossa imaginação. Acontece o mesmo com nossa percepção do "eu". Questões sobre o que é o "eu", por quanto tempo durará, o que acontecerá quando nosso corpo morrer e se decompuser e nossa consciência se extinguir — todas essas questões se baseiam no que imaginamos e não naquilo que realmente vemos. As terríveis questões que sempre nos assaltam revelam ter existido apenas no nosso pensamento, nos nossos conceitos e na nossa imaginação, não na Realidade.

Se prestarmos atenção cuidadosa na nossa experiência direta e real, cada um de nós conseguirá *ver* isso diretamente. E quando realmente o *vemos*, nos livramos de muito mais que dos simples medos irracionais de uma fantasia infantil. Ficamos livres do medo e do horror profundos que têm atormentado a humanidade implacavelmente.

Cada um de nós pode despertar desse sofrimento sem recorrer a histórias ou truques. Podemos finalmente *ver* que o que nos incomodava e preocupava era pura ilusão.

***

Vimos que o "eu", ou a alma, que permanece e que normalmente nós supomos ser é uma ilusão, um produto da imaginação. Talvez já estejamos começando a entender que nós concebemos todos os inúmeros aspectos do mundo de modo semelhante. Em vez de ver o vento, ou as ondas — ou um riacho, uma xícara ou um livro —, como o fluxo constante que são, nós os imaginamos como coisas sólidas, persistentes, separadas, imutáveis.

Atribuímos essa "condição de coisa" a eles do mesmo modo que atribuímos uma "condição de eu" aos seres humanos. Em vez de ver o movimento, o fluxo e o curso da experiência em andamento, imaginamos uma vasta proliferação de várias coisas separadas. Em resumo, designamos a condição de eu a qualquer coisa encontrada "fora" de nós.

Cometemos também um outro erro. Assim como concebemos um eu e opomos a essa noção um não-eu, nos equivocamos com outro par de conceitos opostos — existência e não-existência. Com freqüência, nos encontramos presos nessa dualidade, sem querer *ver* que, como o eu e o não-eu, ambos são fantasmas criados pela consciência. Esses conceitos (como qualquer conceito) simplesmente não correspondem à Realidade.

Buda resumiu essa situação de modo eloqüente:

> Este mundo ... geralmente está voltado para dois [pontos de vista]: a existência e a não-existência. Àqueles que percebem com o conhecimento correto o surgimento do mundo como ele veio a ser, a noção de não-existência do mundo não ocorre. ... Para aqueles que percebem com conhecimento correto o fim do mundo como virá a ser, a noção de existência do mundo não ocorre.

Quando *simplesmente vemos* — quando confiamos apenas na percepção, antes de surgir qualquer conceito de um eu duradouro, imutável, separado de tudo o mais — o conceito de não-existência não ocorre. Nossa crença na não-existência surge, a princípio, somente como resultado da nossa noção de existência. E só por acreditarmos tão a fundo na idéia do "Eu" e do "mundo separado de mim", e por sentirmos essa idéia com tanta força, sentimos confusão e medo.

Por outro lado, se percebermos com *o conhecimento correto* o fim do mundo em sua essência neste momento, se *virmos* a natureza efêmera de todas as coisas sem encobrir o que vimos com conceitos, a noção de um eu permanente não ocorrerá. Apesar de ainda haver pensamento e sensação, a noção de um eu permanente já não existe — restam apenas a paz de espírito e a ausência do medo.

O mesmo acontece com relação ao surgimento ou ao fim de "mim" ou do "mundo", já que essas duas ilusões acontecem ao mesmo tempo. Somente com a percepção — na ausência de concepção — nem a noção de eu nem a de um mundo externo a esse eu ocorrem. Só quando pressupomos o conceito de existência é que somos levados a um dos lamentáveis extremos do eternalismo ou do niilismo, ou a oscilar entre ambos. Como Buda observou, nenhuma dessas conclusões pode ter origem na nossa experiência real.

———

Quando Buda disse: "Àqueles que percebem com *conhecimento correto*...", devemos compreender que essa percepção está disponível a todos nós agora mesmo. Todos nós percebemos as mesmas coisas, sejamos um buda ou não. Todos percebemos a Verdade e a Realidade neste momento. Do contrário, não haveria nenhuma esperança de despertar.

Uma pessoa comum é apenas alguém que não está desperto neste momento; um buda é alguém que está desperto. Isso é tudo. O movimento dos sentidos, nossa experiência sensorial do mundo, é a mesma para um buda como para qualquer outro.

Qual a diferença, então, entre um buda e um ser humano comum? A diferença não está na percepção. Está na concepção. Um buda — uma pessoa com o *conhecimento correto* — não costuma encobrir a experiência da percepção com conceitos, idéias, crenças, noções, hábitos de pensamento pré-formados, usados para explicar a experiência. Portanto, todos temos a capacidade de despertar.

O caminho que normalmente trilhamos é o de tomar a experiência sensorial — a percepção — e imediatamente, antes mesmo de percebermos o que estamos fazendo, dividir nossa experiência direta e ininterrupta em conceitos. Em seguida, rotulamos esses conceitos e os organizamos e colocamos numa estrutura elaborada e cuidadosa que construímos com muito tempo e esforço.

A um buda, no entanto, isso não ocorre. Quando os budas conceitualizam (e eles o fazem), percebem o que estão fazendo e não são iludidos por isso. Apesar de tudo, o problema não está na conceitualização em si, mas sim em ser iludido por ela, de modo a confundir nossos conceitos com a Realidade.

A pessoa desperta pode ter pensamentos e conceitos como qualquer outra pessoa. A diferença é que ela tem noção de que o que realmente *vê* é diferente do que pensa.

Buda chamava essa consciência de *conhecimento correto*.

CAPÍTULO 12

Interdependência

Em meio à nossa confusão, pode ser fácil considerar o que discuti até agora como algo abstrato, hipotético ou distante da nossa vida diária. Está aí um grande engano. Na verdade, é exatamente o contrário. Se virmos a Verdade e a Realidade — o surgimento e a cessação do mundo em sua essência neste momento — veremos imediatamente que os componentes dos nossos pensamentos comuns são abstratos, baseados em conceitos e irrelevantes para a Verdade. O que costumamos aceitar como a Realidade — como o "eu" — é altamente conceitual e, sendo assim, separado da Realidade. Mas o Real e o Verdadeiro podem ser percebidos de imediato sem nenhum pensamento ou conceito abstrato.

Como podemos explicar a experiência real sem sermos confundidos por ela? Essa não é uma questão puramente acadêmica. Tem valor prático imediato, pois o resultado da nossa confusão determina como tratamos o próximo, o planeta e a nós mesmos.

O buda-dharma nos encoraja a observar que o nosso senso comum sobre as coisas, nosso autoconhecimento e nossos conhecimentos sobre o mundo baseiam-se numa grande ilusão. E isso pode nos ajudar a descobrir exatamente o que é a ilusão.

É como quando observamos a figura da vaca na página 36. A princípio, nada mais vimos além de manchas de tinta no papel. Parecia que não fazia sentido algum. Mas se você continuasse olhando para ela, ou voltasse a observá-la mais tarde, de repente conseguiria ver o que era. "Hei, veja! É uma vaca!" *Ver* é assim.

Esse é o trabalho que estamos fazendo aqui. Contudo, em vez de ver a figura de uma vaca estática, nossa tarefa é *ver* a Realidade.

A consciência nada mais é que a divisão da Realidade entre isso e aquilo. É ela quem faz distinções e delineia limites. Isso começa "ali" e você começa "aqui". A consciência divide o que seria, de outro modo, a experiência direta de um Todo ininterrupto no mundo de multiplicidades, no mundo de espaço e tempo. (Ou, por assim dizer, ela parece dividir o Todo, que, obviamente, permanece inteiro.)

Pela consciência, o universo parece estar "lá fora", cheio de coisas e, de forma semelhante, por causa dela "eu estou aqui" também.

Passamos a criar conceitos para esclarecer, para entender, para encontrar certeza. Tentamos em vão expressar de algum modo a Verdade em linguagem. Se conseguimos defini-la, achamos que a possuímos.

Entretanto, o que tentamos alcançar com esse entendimento — paz de espírito, ausência de confusão — se perde pela nossa própria tentativa de entender a Verdade e a Realidade.

Quanto tempo levaremos para *ver* que não estamos chegando a lugar nenhum com esse processo? Essa é a eterna questão: ensinamos incerteza, dúvida e falta de significado a nossos filhos, tudo em nome da "verdade". Com isso, damos origem ao nosso próprio duhkha e ao dos outros. Isso vai se repetindo, geração após geração, a continuação da ganância, do ódio e da ignorância.

Nós rotulamos e rotulamos e tornamos a rotular nossos pensamentos e crenças, constantemente organizando-os e reorganizando-os, mas agora *sabemos* que nunca alcançaremos a Realidade dessa forma. A Realidade consiste em *ver*, na própria percepção direta. Nenhum meio é necessário. A Verdade e a Realidade simplesmente não podem ser encontradas em nenhuma das formas como estruturamos nossos pensamentos. De fato, quanto mais procuramos a Verdade entre nossos pensamentos e crenças, mais sujeitos à dúvida ficamos.

É esse próprio entendimento, essa organização e disposição de coisas e pensamentos em uma estrutura conceitual — e a melancolia e a raiva que acompanham esse entendimento — que tanto nos incomodam. Tudo o que pode ser entendido deve obrigatoriamente depender de outras coisas para ser válido. Conseqüentemente, é duvidoso e complicado. A dúvida é simplesmente a outra face da crença. Quando examinamos a crença, dela surge a dúvida. As duas são tão inseparáveis quanto as dualidades entre o eu e o outro, ou entre a existência e a não-existência. Quando temos uma idéia concreta da Realidade — em vez de confiarmos na percepção direta do mundo — inevitavelmente nos sentimos ansiosos e com medo.

Resumindo, o duhkha não é algo imposto a nós. Nós mesmos criamos nosso sofrimento e confusão.

❧

Quando cessamos de nos ligar a nossos conceitos, paradigmas, entendimentos ou às nossas inclinações mentais, nossas dúvidas também cessam, pois nossa *compreensão* não depende de mais nada além da experiência direta e imediata.

Ver não requer concepção, linguagem ou memória. "Aqui dentro", disse Buda, "a *compreensão* não depende de mais nada." Aqui dentro mora a liberdade.

Não pode haver segredo em ensinar a Verdade e a Realidade. A Verdade está aqui para todos *verem*. Estamos totalmente prontos para *vê-la*, agora mesmo.

❧

Nagarjuna, brilhante filósofo budista da Índia do século II, escreveu:

Aqueles que não compreendem a diferença entre [as] duas verdades, não entendem a profunda verdade encarnada na mensagem de Buda.

Essas duas verdades consistem na verdade relativa e na Verdade Absoluta. Verdades relativas são as coisas e os pensamentos cotidianos que podemos facilmente discutir, ensinar, propor e conceitualizar. Elas incluem fatos simples, como, por exemplo, que um pé mede trinta centímetros, que laranjas contêm vitamina C, que o Monte McKinley situa-se na América do Norte. Mas pés, centímetros, laranjas, rochas, pássaros, sentimentos e pensamentos também são verdades relativas. Cada uma delas depende de uma vasta multiplicidade de outras coisas, de outros conceitos, de outras verdades relativas para existir — uma existência, obviamente, cem por cento conceitual.

Verdades relativas são os conceitos que usamos para lidar com o mundo com mais facilidade. Elas nos ajudam com uma enorme variedade de questões práticas na nossa vida diária. Mas quanto mais de perto as olhamos, menos Reais elas se mostram.

Todavia, as verdades relativas não devem ser evitadas. Elas não são necessariamente ruins, prejudiciais ou erradas. Na verdade, são essenciais. Para passarmos pelo dia, precisamos saber coisas — números de telefone, horários de estabelecimentos comerciais, batatas, as épocas de cada alimento, frações, amor, limites de velocidade, como amarrar os sapatos. Temos problemas quando esquecemos que todas essas coisas, esses pensamentos e sentimentos são relativos — que não são Reais, entidades completamente independentes. Elas existem apenas com relação a outras coisas, pensamentos e sentimentos. Quando nos referimos a "este livro", essa é uma verdade relativa. E já vimos que, quanto mais de perto examinamos o que "este livro" é, menos conseguimos defini-lo e mais a "verdade" sobre ele se dissipa, como a bruma da manhã após o nascer do Sol.

Verdades relativas são as razões pelas quais travamos guerras, temos medo de pessoas que não são como nós e debatemos a questão do aborto, mas não chegamos nem perto de uma solução para ela.

A Verdade Definitiva, por outro lado, consiste na percepção direta, e o que é diretamente percebido (em oposição a concebido) é que não existem coisas separadas, individualizadas. Não há nada a ser vivenciado além dessa relatividade e desse fluxo em andamento.

Em outras palavras, não há particularidades, mas apenas o *assim*. A Verdade Definitiva não pode ser conceitualizada nem imaginada. Não é possível mantê-la de forma alguma em sua mente. Você pode vê-la, mas não pode mantê-la como a uma idéia.

A Verdade Definitiva parece a mesma para todos os que *vêem*. Ela não pode ser contrariada nem se pode duvidar dela ou evitá-la, pois se trata da própria experiência direta e imediata. Ela não depende de outra verdade. Não existe nenhuma "outra". O que é definitivamente Verdadeiro não pode ser colocado em oposição a outra coisa.

Nós realmente podemos *ver* isso. Conseguimos *ver* (e, de fato, *vemos*) por nós mesmos, neste momento, a Verdade Definitiva e a Realidade. Nosso único problema é ignorar o que *vemos*.

A ignorância não é a incapacidade de *ver*, mas o ato de ignorar o que está ocorrendo de fato em favor daquilo que imaginamos. A natureza da ignorância é essa. Pense numa linha côncava como a que desenhamos a seguir.

Neste momento, você provavelmente pensará nessa linha como côncava, pois foi assim que eu a identifiquei — e, talvez, porque essa seja a forma como está desenhada na página. Não há nada, porém, inerentemente côncavo nela. Poderia ser facilmente considerada como convexa. Bastaria virar o livro de cabeça para baixo. De fato, se você desenhar uma linha côncava, terá desenhado também uma linha convexa.

Nosso estado de ignorância é como notar apenas a linha côncava e não levar em conta a convexa. Esquecemos — ou ignoramos — o fato de que sempre que criamos um conceito criamos ao mesmo tempo um ou mais conceitos opostos. Cada verdade relativa produz outras verdades relativas opostas. Se consideramos reais os conceitos opostos, eles inevitavelmente causam miséria.

Observe esta famosa história zen:

Um monge perguntou a Tung Shan: "Quando sentimos frio e calor, como podemos evitá-los?"

Shan indagou: "Por que você não vai para onde não faz frio nem calor?"

O monge disse: "E onde não faz frio nem calor?"

Shan respondeu: "Quando estiver com calor, deixe que o calor o mate; quando estiver com frio, deixe que o frio o mate."

Se você desenhar um, terá desenhado o outro. Se sentir um, sentirá o outro. Se identificar um, identificará o outro — e o mundo "lá fora" relativo a ele.

A Realidade, é claro, não é côncava nem convexa, não é fria nem quente, não é o eu nem o outro. Se concebermos o frio separadamente do resto da Realidade — não somente separado do calor, mas também de nós mesmos — sofreremos por isso.

Ignoramos o Todo por estarmos tão fixados no nosso objeto — aquilo que desenhamos, que sentimos, que identificamos. Ignoramos, entretanto, o fato de que, não importa o que o nosso objeto não é, também estará presente. Dividindo a Realidade em partes e concentrando-nos numa só delas, nós nos desarmonizamos com o Todo. Ficamos abertos para a confusão e o desespero.

Uma onda é um tipo de movimento formado em uma pia ou banheira quando mexemos a água de um lado para outro. Esse tipo de movimento ocorre constantemente na nossa mente quando ela se ocupa com definições conceituais. Hesitamos infinitamente entre a melancolia e a raiva. Nossa mente tendenciosa, nossas disposições e intenções, levam-nos de um lado para outro, presos em padrões habituais de pensamento e ação. Isso é escravidão. Isso é o duhkha.

Temos a tendência de não perceber a extensão na qual criamos aquilo que chamamos de mundo, ou seja, a esfera das verdades relativas. Definimos os limites, criamos as definições. Determinamos o que é bom, o que não é, o que deve ser e o que não deve ser — tudo além de nossas inclinações mentais. No entanto, raramente reconhecemos a relatividade total — a falta total de significado — de toda essa definição. Nós não vemos que é por meio da nossa obsessão com o significado que geramos a própria ausência dele.

Todavia, a confusão encontrada por nós no mundo não é, de fato, o mundo; ao contrário, ela surge como resultado do fato de ignorarmos a nossa própria experiência em favor de verdades relativas.

O que podemos fazer acerca disso tudo? Conseguimos *ver* o modo como nossa mente se inclina. E *vendo*, podemos parar.

◆

Quando os budas olham o mundo, não *vêem* solidez. Eles não *vêem* os eus. *Vêem* apenas o fluxo.

Isso não significa que a pessoa desperta não enxerga mais formas como o resto de nós. Eles *vêem* as formas — ou, por assim dizer, "a condição de forma" — mas como algo ilusório. Eles *vêem* que todas as coisas surgem juntas. *Vêem* que a aparente existência de qualquer coisa depende de tudo o que ela não é, e *vêem* essa dependência como nada mais que a própria mudança e o próprio movimento.

Buda chamou esse fenômeno de surgimento dependente. O surgimento dependente consiste na fórmula: "Quando isto surge, aquilo acontece." Quando os dias ficam mais longos, as flores brotam. Quando os dias são mais curtos, as cores do outono aparecem e as folhas caem das árvores. As flores da primavera são inseparáveis dos dias longos; as cores do outono, inseparáveis dos dias menores e com menos luz. De fato, as flores da primavera *são* os dias mais longos; as cores do outono *são* os dias mais curtos. Na Realidade, todos os fenômenos trabalham juntos como um todo integrado.

O surgimento dependente não é algo vago, místico, remoto e intelectual. O buda-dharma é muito prático e realista. Basta prestar atenção redobrada em sua experiência real e você mesmo verá isso.

━━━━

Embora esteja aparentemente cheio de um grande número de formas, o mundo como um Todo não tem nenhuma intenção, inclinação ou tendência mental como nós. O Todo gera essas formas e padrões aparentes de um modo que nossas atitudes obstinadas não podem. A queda de uma folha da árvore, a correnteza de um riacho, o som e a movimentação do vento — tudo isso está naturalmente, sem esforço, magnífica e profundamente vivo. E todos são atividades não-obstinadas.

A atitude não-obstinada, com o tempo produzirá um padrão natural de folhas sobre a grama. A atitude obstinada, não.

Atitudes obstinadas — tomadas por nossa mente comum, cheia de melancolia e raiva — baseiam-se em ilusões, em conceitos. Nascem por pensarmos que "isso" e "aquilo" são reais, sólidos e intrinsecamente separados — uma suposição que define o estágio de desenvolvimento da obstinação.

Mas o Todo não é obstinado. Ele não se inclina para nenhuma direção. Isso não significa que somos incapazes de agir de forma natural. Todos nós somos. Na verdade, é exatamente assim que um buda age — fora do Todo.

━━━━

Nosso problema crônico está relacionado com a intenção. Como ignoramos o Todo, somos iludidos pelas partes. Somos seduzidos pelos objetos da nossa consciência — dos nossos conceitos — e, com melancolia e raiva, ódio e ambição, nossa mente passa a se inclinar em uma ou em outra direção. Isso é o duhkha.

Existe uma saída para esse dilema. Basta olhar para nossa própria mente e *saber* quando ela está se inclinando.

Anteriormente, visualizamos uma folha caindo da árvore. Nós a "vimos" pousar sobre um desenho feito de folhas no chão. Embora esse seja um desenho que não podemos repetir com a simples força de vontade, a natureza não encontra nenhum problema em criar desenhos aleatórios. O que controla a disposição de folhas de modo absolutamente aleatório, criando um desenho tão magnificamente belo? O Todo, é claro.

Não podemos conhecer todos os detalhes do Todo. Por exemplo, se soubéssemos tudo sobre o sistema meteorológico deste planeta, poderíamos prever com exatidão o clima num período extenso. Para isso, contudo, precisaríamos saber cada pequeno detalhe, até as posições e movimentos exatos de cada átomo — e, claro, não podemos fazer isso. Sistemas naturais, como o clima do nosso planeta, estão e sempre estarão sob o controle do Todo sem intenção.

Entretanto, embora não possamos saber os detalhes do Todo, o fato é que nós — cada um de nós — já *conhecemos* o Todo em si. Não existe nada de misterioso com relação à Realidade — *isso*. Ela é onipresente, clara e óbvia. Em vez de tentarmos deduzir alguma coisa, em vez de *ver* ou nos unir com o Todo, tudo o que devemos fazer é perceber se nossa mente está se inclinando ou não.

Se você perceber que sua mente está presa na melancolia e na raiva — inclinando-se para alguma coisa ou para longe dela — não tente fazê-la parar. Como vimos, tentar fazer nossa mente parar de se inclinar numa direção é apenas outra forma de inclinação. ("Eu não quero mesmo ter uma mente tendenciosa.") Fique atento quando sua mente estiver se inclinando e perceba o que essa tendência mental realmente significa. Com prática e atenção a este momento, sua mente passará a inclinar-se menos espontaneamente.

Assim como uma folha cai no quintal, sua mente se organizará de maneira mais natural e de acordo com a Própria Mente — ou seja, o Todo.

<hr>

Ver não significa iniciar um programa de inércia. As pessoas geralmente entendem isso de forma incorreta. Agir ou não agir não é a questão. A questão é se estamos conscientes ou não.

O que temos de fazer é *ver* o que acontece a cada momento e basear nossas ações naquilo que *vemos* e não no que pensamos. Como disse Huang Po:

O tolo rejeita o que vê, não o que pensa.
O sábio rejeita o que pensa, não o que vê.

Quando realmente *vemos* o que está acontecendo, quando *vemos* a ordem natural das coisas — como elas se interligam e como os eventos se desdobram — paramos de agir desafiando a Realidade.

⟞⟝

Esqueça de si mesmo. *Veja* como sua mente está se inclinando. O que nos sustenta já está no lugar. Precisamos apenas parar de viver ignorando dolorosamente esse fato.

Esqueça-se dessas palavras e comece a observar se a sua mente está se inclinando — demonstrando preferências, fazendo cálculos, tentando ocasionar, tentando pressionar.

A libertação da mente não ocorre por expressarmos o desejo de sermos corretos ou de fazermos o bem. Esse é apenas mais um caminho para o duhkha.

Nossas ações devem, pelo contrário, decorrer somente do desejo de estar despertos.

⟞⟝

Nossa vida é como uma roda fora do eixo. Não é satisfatória. "Há algo lá fora que preciso alcançar. E há uma outra coisa que eu preciso manter longe de mim." Essa é a escravidão — esse desejo, essa inclinação, essa paixão por algo além de nós mesmos. Ela resulta da ilusão de ver nosso eu como separado e real. Nossa única escolha na vida é estar ou não despertos.

Nossa tarefa é ver quando as coisas não fazem sentido, quando não estão funcionando, quando a vida está muito frustrante. Devemos notar que sentimos uma dor profunda no coração e perceber o que é isso que não conhecemos. Devemos *ver* nossa ignorância e nossa confusão.

Não há nada "lá fora" que realmente nos satisfaça. Não há nada "lá fora" que devamos adquirir ou rejeitar. De fato, não há absolutamente nada "lá fora". Nada entra nem sai da Mente.

Depois de percebermos o que realmente está acontecendo numa mente tendenciosa, não desejaremos mais o que antes exercia grande atração sobre nós, em nossa ignorância. Pararemos de nos precipitar no duhkha com a mesma facilidade natural com que paramos de aproximar a mão do fogo. Não faremos mais nada que vimos que será doloroso.

Quando sua mente pára de se inclinar, ela passa a ser apenas a Mente Integral.

Fique atento à experiência imediata. Cultive sua mente na meditação. Familiarize-se com os trabalhos e as inclinações da sua mente. Você se poupará de um grande número de tristezas e, no final das contas, *conhecerá* a Verdadeira Liberdade.

Abra os olhos da sabedoria e *veja somente* a Mente Integral.

Seja uma Luz para Si Mesmo

Com a aproximação de sua morte, Buda disse às pessoas reunidas à sua volta:

> Seja uma luz para si mesmo; não se entregue a refúgios externos. Apegue-se à Verdade. Não procure abrigo em ninguém além de si mesmo.

Você não encontrará o que irá satisfazer o seu coração e a sua mente num livro ou numa aula. Você não o encontrará nem mesmo nos ensinamentos de Buda.

Você não entrará em contato com a Verdade por meio de Buda, nem por um venerado mestre zen ou por um lama nem por um sacerdote ou monge, ou monja, professor ou guru. Você não receberá a Verdade — que aquieta as mais profundas dores do coração — de ninguém mais.

O único caminho para *ver* a Verdade é observar se a sua mente está se inclinando.

Se isso ocorre é porque você vê alguma coisa "lá fora", além de si mesmo. É perder-se em pensamentos e na imaginação. É ser removido da experiência imediata.

Note o que sua mente está fazendo exatamente agora. Você não precisa se esforçar para fazer isso, pois já está completamente preparado. Você não precisa ir a lugar algum nem fazer nada de especial. Simplesmente *veja somente* a sua intenção. Apenas isso.

Despertar não é agarrar-se à idéia de despertar. Você não pode praticar o despertar nem fingi-lo ou imitá-lo. É preciso querer despertar realmente.

Você só pode contar consigo mesmo. Você não depende dos outros. Tudo de que você precisa está aqui agora. Confie apenas no *assim* — na experiência direta, imediata.

Você é a autoridade final. Despertar ou não depende exclusivamente de você.

Surgimento Dependente

Os ensinamentos de Buda sobre como a ignorância e a intenção estão ligadas ao duhkha por uma corrente de 12 elos são chamados de Surgimento Dependente (*pratityasamutpada*). Ele disse:

> Da dependência da ignorância, surgem as disposições. Da dependência das disposições, surge a consciência. Da dependência da consciência, surgem a mente e o corpo. Da dependência da mente e do corpo, surgem os seis sentidos. Da dependência dos seis sentidos, surge o contato. Da dependência do contato, surge a sensação. Da dependência da sensação, surge o desejo. Da dependência do desejo, surge o apego. Da dependência do apego, surge o vir a ser. Da dependência do vir a ser, surge o nascimento. Da dependência do nascimento, surgem o envelhecimento e a morte, a tristeza, o lamento, a dor, a angústia e o desespero. Essa é a origem de toda essa massa de sofrimento.
>
> Contudo, do desaparecimento e da cessação dessa mesma ignorância resulta a cessação das disposições. Da cessação das disposições, resulta a cessação da consciência. Da cessação da consciência, resulta a cessação da mente e do corpo. Da cessação da mente e do corpo, resulta a cessação dos seis sentidos. Da cessação dos seis sentidos, resulta a cessação do contato. Da cessação do contato, resulta a cessa-

ção da sensação. Da cessação da sensação, resulta a cessação do desejo. Da cessação do desejo, resulta a cessação do apego. Da cessação do apego, resulta a cessação do vir a ser. Da cessação do vir a ser, resulta a cessação do nascimento. Da cessação do nascimento, o envelhecimento e a morte, a tristeza, o lamento, a dor, a angústia e o desespero, tudo cessa. E, assim, cessa toda essa massa de sofrimento.

Buda descreveu essa corrente relacionando-a com a escravidão e a libertação. A escravidão decorre simplesmente de nos apegarmos a qualquer um dos elos dessa corrente (e, por conseqüência, a ela toda); a libertação ocorre quando abandonamos a corrente. Esse abandono acontece quando passamos *a ver*.

Nessa lição, as questões apontadas por Buda mostram o que a nossa experiência real é — que todas as coisas surgem juntas, ou de forma dependente. Nada surge por si só; tudo o que vivemos acontece dentro de um contexto e sobre um cenário de outras coisas que dependem e são condicionadas entre si.

Uma tradução literal das palavras de Buda seria: "Quando isto surge, aquilo acontece." Em outras palavras, Buda nunca falava das coisas como elas são, pois essa é, na verdade, exatamente a ilusão que sofremos. Ele falava das coisas em sua essência neste momento, dependentes de outras coisas. Quando o Sol nasce, temos o dia. Buda nos lembraria também que essas duas coisas sempre se encontram juntas. O nascer do Sol e a luz do dia não são exatamente duas coisas, mas estão inextricavelmente ligadas entre si.

Na vida cotidiana, entretanto, a idéia de que todas as coisas estão intimamente ligadas não é tão óbvia para nós. Essa ignorância é que nos mantém presos.

A corrente de doze elos de Buda não consiste numa progressão no tempo ou no espaço, com o elo um levando ao elo dois e assim por diante. Ao contrário, se você escolher qualquer um desses elos, terá a corrente inteira — não numa seqüência temporal, mas tudo de uma vez.

No esquema da página 159, a corrente é apresentada como uma linha reta que vai do elo um ao elo doze. Eu a representei dessa maneira para facilitar a leitura e a compreensão. Uma ilustração exata, porém, arranjaria os doze elos em um círculo, como os números na superfície de um relógio.

Olhemos detalhadamente essa corrente. Começaremos pela ignorância, que é considerada o elo número um. A ignorância é como um buraco negro que suga tudo para dentro de si, até a iluminação. Desse modo, não conseguimos vê-la, pelo menos não diretamente. Uma das características da ignorância, portanto, é que ignoramos a nossa ignorância. Isso transforma nossa grave situação num ciclo vicioso. Existem dois tipos de ignorância: a cegueira e a auto-indução. A cegueira é a ignorância das realidades básicas da existência: impermanência, duhkha e abnegação. (Buda as chamava de as "três marcas da existência".) A auto-indução é a nossa crença de que podemos descobrir o que as coisas são intelectualmente. "Ah! Isso é água!", dizemos. "Hidrogênio e oxigênio." Com isso, dispensamos a experiência real deste momento. (Mas se você quiser mesmo saber o que a água é, beba, saia na chuva ou vá nadar.)

Em resumo, acabamos nos confundindo com relação a este momento. Como disse Huang Po, na nossa ignorância, rejeitamos a experiência real em favor do que pensamos. Assim, pressupomos um eu em nossos pensamentos e vemos permanência onde ela não existe.

Se, em vez disso, prestássemos atenção a este momento, veríamos que nada surge, persiste ou morre realmente como uma entidade separada. Isso é o que podemos verdadeiramente *saber* — mas ignoramos, e sofremos muito como conseqüência.

Este momento é completo em si mesmo. Não há nada faltando nele. Se o víssemos realmente pelo que é, veríamos todo o espaço e o tempo como nada além do aqui e agora.

Ignorando *isso* — a nossa experiência real — a mente não consegue mais descansar sossegadamente no Todo, mas começa a se inclinar. Buda chamava isso de "disposição da mente", ou intenção. Ela forma o segundo elo da corrente. Quaisquer ações resultantes de uma mente nesse estado são obstinadas.*

---

*Para compreendermos a natureza de ações obstinadas e como elas nos prendem ao duhkha, devemos primeiramente observar a natureza da ação, ou impulso, em geral. Se jogamos uma bola, ela continua a se mover na mesma velocidade e na mesma direção em que a jogamos, sem parar ou alterar seu curso, a menos que seja influenciada por alguma outra força. Isso seria óbvio se nós estivéssemos no espaço sideral. Na Terra, é claro, a bola sim-

Temos o costume de agir de acordo com a nossa intenção, de acordo com uma mente tendenciosa. A natureza, agindo de acordo com o Todo, não. Normalmente, vemos coisas "lá fora", e saímos atrás delas. Nossa mente fica, assim, caracterizada pela divisão e pela separação. Mas o Todo funciona de maneira diferente. Não há nada "lá fora" a que a Mente deva se aproximar ou de que deva se afastar. Portanto, as ações produzidas pela Mente — o Todo, ou a natureza, — são radicalmente diferentes em essência (embora nem sempre na aparência) dos atos da vontade humana. A natureza age de acordo com o Todo, sem nenhum esforço ou intenção. Por meio de inúmeras transformações, o Todo continua como ação e reação sem início nem fim. A intenção entra no fluxo de ação natural e tenta controlá-lo. Essa é a origem do duhkha.

Quando ignorante, a mente imagina "que, lá fora", se inclinará numa ou noutra direção. Essa disposição da mente envolve a discriminação, o próximo elo da corrente. Esse terceiro elo também é conhecido como consciência.

---

plesmente cairia no chão e rolaria até parar em alguma coisa. Isso porque a bola está sendo influenciada pela força da gravidade. Pura física.

Quando vemos a bola bater e rolar até parar em algo, contudo, temos a tendência de pensar que a ação terminou. Entretanto, só a bola parou. A ação que tomamos não pára de forma alguma. Quando a bola atingiu o chão, passou pela terra e pela grama, converteu sua energia de movimento em calor. Mesmo parando, a energia que moveu a bola permanece, convertida em calor e se dispersa, e continuará a se dispersar, mas não desaparecerá.

O que quero dizer é que a energia, ou ação, não pára. Nunca. Por inúmeras transformações, ela continua a existir, sempre e sempre. É assim que as coisas são. Nada pára. Essa é a natureza da Realidade. De fato, essa é a natureza da Mente — puro movimento, interminável.

Mas é aqui que a coisa se complica. Podemos pensar que, atirando uma bola, iniciamos uma ação, mas esse é um ponto meramente arbitrário em uma linha de ação sem começo. É importante entendermos que uma linha de ação, ou movimento, ou energia que se manifesta momentaneamente como, por exemplo, uma bola sendo jogada, não tem início discernível. O que é discernido é quando a intenção entra em uma linha de ação. Para o desperto, isso altera qualitativamente o cenário e a mudança é total. É a diferença entre a liberdade e a escravidão definidas por Buda. Simplificando, a ação obstinada é radicalmente diferente da não-obstinada, ou da ação natural.

A consciência divide a Realidade e a conceitualiza, rotula e explica para si mesma. Por isso, na nossa ignorância, achamos que estamos fazendo leituras sobre as coisas "exteriores".

No Budismo, a consciência é, às vezes, descrita como um macaco numa árvore cheia de flores. "Oh! Vou pegar esta, aquela e aquela outra!" Com a consciência, existem esta, aquela e aquela outra coisa. O mundo é dividido continuamente de várias maneiras.

Em nossa vida diária, pensamos que o mundo está lá fora, separado e persistente, e consideramos a consciência como uma espécie de ação unificadora, ligando partes e pedaços. Desse ponto de vista, sua consciência é comparável a este livro — que pode ser visto, tocado e é até mesmo audível quando você vira as páginas.

Para as pessoas despertas, contudo, a situação é oposta. O que é realmente vivenciado é sempre um Todo ininterrupto. A consciência o divide. Além disso, a divisão mais básica é, obviamente, entre "eu" e "todo o restante", o eu e o outro.

A consciência não apenas divide o mundo espacialmente, mas também com relação ao tempo. Desse modo, imaginamos o passado, o presente e o futuro e a persistência de objetos separados.

A experiência da consciência é muito semelhante a um filme. É um único momento — uma cena — atrás do outro. No entanto, como esses momentos parecem acontecer em rápida sucessão, adotamos a crença contraditória de que existem coisas exteriores específicas, persistentes que, no entanto, se modificam. Por esse motivo, Buda chamou esse elo de "consciência do renascimento", a idéia de que os objetos persistem, renascendo momento após momento.

O elo número quatro, corpo e mente, e o número cinco, os sentidos, englobam a ilusão de que *nós mesmos* somos coisas específicas, persistentes. Cada um de nós concebe um corpo específico e imagina que esse corpo sustenta uma determinada consciência. Com isso surgem os sentidos e os órgãos associados a eles. De acordo com os ensinamentos budistas, existem seis sentidos: os cinco que já conhecemos e a mente. Cada sentido tem um órgão correspondente: os olhos correspondem à visão; os ouvidos, à audição; o nariz corresponde ao olfato; a língua, ao paladar; o corpo, ao tato, e a mente, ao pensamento.

Como concebemos os objetos como "exteriores", um corpo e uma mente persistentes como "interiores" e um conjunto de órgãos dos sentidos para fazer a ligação entre ambos, temos a ilusão de contato ou conexão. Esse é o sexto elo. Do nosso ponto de vista comum, ilusório, imaginamos que estamos conectados com um mundo "exterior".

O grande mestre zen Pai-chang disse: "Se você perceber que não existe conexão entre seus sentidos e o mundo exterior, será iluminado imediatamente." Não pode haver uma conexão, pois não existem coisas separadas para serem conectadas.

É possível conhecer diretamente o que Pai-chang descreve aqui. *Ver*, nesse sentido, é extremamente libertador.

Na nossa ilusão — nosso senso de conexão com coisas exteriores — nós reagimos emocionalmente. Esse é o sétimo elo, a sensação.

Da dependência da sensação surgem os elos oito e nove, o desejo e o apego. É a necessidade de apropriar-se de determinados objetos "exteriores" e trazê-los para perto, e de manter outros à distância ou mandá-los para longe. Com o desejo, surge o apego, o nono elo da corrente. Desejamos manter aquilo que amamos e nos desvencilhar daquilo que não gostamos, levando para longe de nós. Esse elo também é chamado de "obstinação do desejo", ou "ligação".

Existem dois tipos de apego. O primeiro é o apego a objetos sensoriais. Você vê o seu objeto de desejo lá fora e toma posse dele.

O segundo tipo de apego é o apego à crença. Buda identificou três tipos de crença comuns. A primeira é a crença em algo "exterior", que consertará tudo e tornará tudo perfeito — o céu ou o paraíso. Mesmo a visão niilista, no entanto, que acredita que "depois da morte tudo acaba", ainda é uma forma de apego a essa crença. O apego a quaisquer pensamentos ou opiniões se encaixa nessa categoria, pois é uma tentativa de dar sentido à nossa experiência.

O segundo tipo de crença é a crença de que rituais ou cerimônias podem, de algum modo, nos salvar do sofrimento, da confusão e da ignorância. É somente no aprendizado para *ver* este momento, na sua essência, que ocorre a libertação — não em vestir mantos ou realizar atos rituais.

A terceira crença a que nos apegamos é a crença em um eu, em uma existência permanente. Essa é a crença mais profundamente enraizada dentro de nós e a que causa mais sofrimento.

Agora temos o décimo elo, o vir a ser: persistência ou existência. É esse elo que, por sua vez, nos liga à ignorância, já que, na Realidade, nada persiste. Entretanto, com o vir a ser surge o nascimento, o décimo primeiro elo, e com o nascimento surge a morte, o elo número doze. Portanto, o nascimento e a morte, o maior problema enfrentado por nós todos, estão ligados ao apego a um eu. Esse é o duhkha em sua forma mais penetrante e envolvente.

Mas o duhkha não precisa nos envolver. *Ver* este momento na sua essência — *ver* que tudo é fluido, que nada separado pode nascer e que nada morre — é quebrar a corrente da escravidão.

Duas Maneiras de Ver a Corrente de Doze Elos

A Escravidão consiste em	nº	A Libertação consiste em
ignorar a Realidade deste momento. É uma cegueira para com a percepção direta de que este momento não surge, não persiste nem perece.	1 ignorância	*ver* a Realidade deste momento. É perceber diretamente que este momento não surge, não persiste nem perece.
instabilidade mental, causada pela ignorância que leva a mente a se inclinar. Todas as ações produzidas por esse estado mental são obstinadas.	2 intenção	*ver* que não existe substância em nenhum objeto da mente. Por conseqüência, a mente não se inclina para a frente ou para trás. Nenhuma ação produzida por esse estado da mente é involuntário.
discernir entre objetos da mente separadamente e considerá-los persistentes de momento a momento.	3 consciência	*ver* todos os objetos da mente como momentâneos e condicionais.
ver um corpo e uma mente idênticos, persistentes e distintos sustentando a consciência. Desse modo, é discernido um sujeito junto de seus respectivos objetos.	4 corpo e mente	*ver* que não existe corpo ou mente — sujeito — persistente, pois não existem objetos da mente persistentes e distintos disponíveis para a percepção.
conceber um mundo de objetos da mente, externos ao corpo e à mente, determinados pelas janelas dos sentidos.	5 seis sentidos	*ver* a sensação como uma função da própria Mente — que os objetos da Mente nunca são exteriores à Mente; são sempre a própria Mente.
conceber que, pela sensação, o sujeito entra em contato com um mundo objetivo, "exterior".	6 contato	perceber que não existe conexão ou distinção entre os sentidos e um mundo exterior à Mente.
reagir emocionalmente aos objetos da mente, embora permanecendo isolado deles.	7 sensação	não ser levado pela emoção. Como nada é percebido como exterior à Mente, a sensação jamais é íntima.
sentir o querer e o desejo, já que os objetos da mente são concebidos como separados do "eu", o sujeito.	8 desejo	não querer. Como nada é percebido como "exterior", não existe a idéia de que algo está faltando.
apegar-se ao que parece "exterior". É o desejo desesperançoso de que este momento se esvairá ou perdurará.	9 apego	*ver* que toda a experiência é extremamente fluida e que, portanto, não existe nada a que nos apegar, nada para possuir ou temer.
conceber (acreditar em) a persistência (existência) do eu e do outro.	10 vir a ser	*ver* que tudo é um fluxo.
conceber (acreditar que) todos os seres passaram à existência.	11 nascimento	*ver* que nada nasce.
conceber (acreditar que) todos os seres morrerão.	12 morte e duhkha	*ver* que nada morre.

Fitas de cursos ministrados por Steve Hagen sobre
Budismo e Zen-Budismo podem ser obtidas pelo correio.
Para obter um catálogo com temas e preços, envie
um envelope pré-endereçado e selado para:

Dharma Field
3118 West 49th Street
Minneapolis, MN 55410
www.dharmafieldzen.org